跨文化研究论丛

2015 年度北京高等学校教育教学改革立项联合项目
"融入跨文化交际能力培养的大学英语教学改革与过程评估研究"
（项目编号：2015-LH03）

总主编：孙有中

大学英语教学与跨文化能力培养研究

COLLEGE ENGLISH AND INTERCULTURAL COMPETENCE: RESEARCH AND PRACTICE

主　编：李莉文
副主编：蔡　鸿

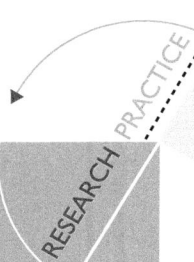

外语教学与研究出版社
FOREIGN LANGUAGE TEACHING AND RESEARCH PRESS
北京 BEIJING

图书在版编目（CIP）数据

大学英语教学与跨文化能力培养研究／李莉文主编．－－ 北京：外语教学与研究出版社，2017.5（2020.5 重印）
（跨文化研究论丛／孙有中总主编）
ISBN 978-7-5135-8967-3

Ⅰ．①大… Ⅱ．①李… Ⅲ．①英语－教学研究－高等学校 Ⅳ．①H319.3

中国版本图书馆 CIP 数据核字（2017）第 116926 号

出 版 人	徐建忠
责任编辑	付分钗
封面设计	锋尚设计
出版发行	外语教学与研究出版社
社　　址	北京市西三环北路 19 号（100089）
网　　址	http://www.fltrp.com
印　　刷	北京九州迅驰传媒文化有限公司
开　　本	730×980　1/16
印　　张	10
版　　次	2017 年 6 月第 1 版 2020 年 5 月第 5 次印刷
书　　号	ISBN 978-7-5135-8967-3
定　　价	39.90 元

购书咨询：（010）88819926　电子邮箱：club@fltrp.com
外研书店：https://waiyants.tmall.com
凡印刷、装订质量问题，请联系我社印制部
联系电话：（010）61207896　电子邮箱：zhijian@fltrp.com
凡侵权、盗版书籍线索，请联系我社法律事务部
举报电话：（010）88817519　电子邮箱：banquan@fltrp.com
物料号：289670001

记载人类文明
沟通世界文化
www.fltrp.com

前　言

　　《大学英语教学与跨文化能力培养研究》是"跨文化研究论丛"之一。为了响应全球化背景下高等教育国际化的号召，对接国家"一带一路"战略对跨文化人才的需求，落实《大学英语教学指南》把跨文化能力作为核心内容之一的目标，我们以北京市教改立项为契机，联合北京市属院校（首都师范大学、北方工业大学、城市学院）切实开展大学英语教学与跨文化能力培养相融合的应用研究，将跨文化能力培养的理论、思路和实践与大学英语教学紧密结合，并将研究成果集结成文。

　　本书包含十二篇论文，结合跨文化能力培养论述外语教育的内涵、教学行动研究、技能课评估、案例反思和教师身份构建，以及翻译、阅读、写作、口语等课程的跨文化能力培养模式、策略及教法；既有评论又有实证研究。希望这些基于一线教师开展的以跨文化能力培养为导向的大学英语教学研究，可以对以后的相关研究有所参考。

　　十年树木，百年树人。只有夯实外语人才基础，源源不断地培养和造就跨文化人才，才能支撑"一带一路"这项伟大的事业持续健康发展。

　　此书也是2015年度北京高等学校教育教学改革立项联合项目"融入跨文化交际能力培养的大学英语教学改革与过程评估研究"（项目编号：2015-LH03）的阶段性成果。

目 录

外语教育与跨文化能力培养 ①

孙有中

北京外国语大学

摘要： 本文拟首先对跨文化能力的构成要素进行解析，然后探讨外语类专业跨文化教学的基本原则，最后倡导外语界在新一轮教育和教学改革中高度重视跨文化能力培养，积极探索外语专业国际化人才培养的新路径。

关键词： 跨文化能力；跨文化教学原则；国际化人才培养

即将颁布的《高等学校外语类专业本科教学质量国家标准》已把"跨文化能力"作为外语类专业的核心能力指标之一纳入培养规格。可以预见，跨文化能力概念将成为新一轮外语教育改革的一个热门关键词。本文拟首先对跨文化能力的构成要素进行解析，然后探讨外语类专业跨文化教学的基本原则，最后倡导外语界在新一轮教育和教学改革中高度重视跨文化能力培养，积极探索外语专业国际化人才培养的新路径。

1. 跨文化能力界定

学术界提出了多种跨文化能力理论模型，如构成模型（compositional model）、双向互动模型（co-orientational model）、发展模型（developmental model）、适应模型（adaptational model）、因果过程模型（causal process），等等（Deardorff, 2009）。不同视角的定义相互补充，有助于加深和丰富我们对跨文化能力概念的理解，值得研究者进一步探究。综合学术界关于跨文化能力的众多定义，着眼于外语教育的专业定位，笔者从构成要素的角度对跨文化能力的核心内涵描述如下：尊重世界文化多样性，具有跨文化同理心和批判性文化意识；掌握基本的跨文化研究理论知识和分析方法；熟悉所学语言对象国的历史与现状，理解中外文化的基本特点和异同；能对不同文化现象、文本和制品进行阐释和评价；能得体和有效地进行跨文化沟通；能帮助不同语言文化背景的人士进行有效的跨文化沟通。

---

① 本文是全国教育科学"十二五"规划 2011 年度教育部重点课题"高校英语专业技能课程与思辨能力培养研究"（批准号：GPA115061) 的成果。原载于《中国外语》2016 年 5 月第 13 卷第 3 期（总第 71 期。）

第一，尊重世界文化多样性，具有跨文化同理心和批判性文化意识。由于地理和历史的原因，世界不同国家和区域的文化呈现出丰富的多样性。但是自人类历史进入由西方国家主导的"现代化"和"全球化"进程以来，世界文化固有的多样性正面临前所未有的"西化"和同质化威胁。由此，尊重和保护世界文化的多样性成为一个十分紧迫的全球议题。2001年，联合国教科文组织（UNESCO）发布了《文化多样性全球宣言》，该宣言的第一款开宗明义地指出："文化跨越时空，呈现出多种多样的形式。这种多样性体现为构成人类整体的不同群体和社会之身份的独特性与丰富性。作为交流、革新和创造的资源，文化多样性为人类所必需，恰如生物多样性为自然所必需。在此意义上，它是人类的共同遗产，应该得到认可和捍卫，以惠及子孙后代。"一个具有跨文化能力的人应该在此意义上尊重世界文化多样性。不仅如此，他/她还应该能够进入不同文化的心灵，感同身受地理解不同文化的关切和逻辑。与此同时，一个具有跨文化能力的人还应该具有深刻的反思能力，能够对本土文化和外国文化进行客观公允的评价和鉴别，既不妄自尊大，也不妄自菲薄，既不崇洋媚外，也不盲目排外。

第二，掌握基本的跨文化研究理论知识和分析方法。20世纪80年代开始，中国外语界事实上就引入了跨文化交际这个概念，并尝试在外语教学中培养跨文化交际能力。这种与语言能力融为一体的跨文化交际能力一般被理解为掌握与日常交际相关的跨文化知识，并能够在跨文化日常交际行为中得体地运用外语实现交际目的。今天探讨外语专业的跨文化能力培养，我们的视野无疑应该超越外语教学而进入外语教育层次，这就意味着我们应该引导学生不仅关注跨文化人际交际行为，而且关注跨文化大众传播与新媒体传播，关注文化与文化之间从宏观到中观到微观的互动关系，而且对这些不同层面的跨文化现象进行一定的理论思考和初步研究。通过跨文化教学，教师应引导学生探究一系列跨文化研究基本理论问题，例如：什么是文化，如何理解个人与文化的关系，如何理解语言与文化的关系，如何区别高语境文化和低语境文化，什么是跨文化交际/传播，什么是非语言交际，什么是文化身份，什么是种族中心主义，什么是跨文化适应，跨文化冲突是如何产生的，什么是跨文化能力，如何培养跨文化能力，如何测量跨文化能力，什么是全球化，全球化对国别文化会产生什么影响，等等。对上述跨文化问题的理论思考有利于培养学生理解和分析跨文化现象的能力，提高文化反思能力和文化自觉，同时促进思辨能力和学术研究能力的发展。

第三，熟悉所学语言对象国的历史与现状，理解中外文化的基本特点和异同。反思传统的交际法外语教学，一个明显的缺点就是把跨文化能力等同于一些零星的跨文化交际技巧。而事实上，如果没有对语言对象国历史与现状的比较全面和深入的了解，就不可能真正理解语言对象国人们的信仰、价值观念、生活方式与行为习惯，也就不可能进行深层的跨文化交流。不仅如此，学生还必须了解本土的中国文化，在比较学习中发现和理解中外文化的表层和深层异同（同中之异和异中之同）。这种跨文化比较学习对于今天的外语类专业学生来说尤为重要，因为只有通过深入的跨文化比较研究，才能真正培养学生的跨文化批判意识，即理解中外文化的特点及其形成原因，并能够超越中外文化的局限而建构更加宽广的文化观和世界观。在中国作为一个世界大国和强国在全球范围日益发挥重要作用的今天，我们迫切需要一大批新型外语高端人才，他们精通外语，通晓国际规则，能够向世界生动地阐释历史中国和当代中国，最终赢得世界对中国的理解和支持。这是经济全球化时代赋予外语类专业学生的光荣、艰巨且十分紧迫的使命。

第四，能对不同文化现象、文本和制品进行阐释和评价。阐释和评价是更高层次的思维活动，需要学生学会灵活运用跨文化理论和知识。外语类专业学生所进行的大量的听说读写训练以及专业知识课程均可以提升为对跨文化现象、文本和制品进行的阐释和评价，其目的不仅是要求学生掌握语言"基本功"或语言、文学与文化知识，而且应要求他们对外国文化现象、文本和制品以及本国文化现象、文本和制品从中外比较的视角进行深入阐释，探索其背后隐藏的文化原因，并进行批判性审视，进而提高跨文化思辨能力。一篇课文、一部文学作品、一部电影或一件艺术品，在特定的文化中产生，承载着丰富的文化内涵，从不同角度在不同层面讲述着自己所属文化的生动的故事。当它们进入新的文化背景里被具有不同文化身份的人阅读、观赏和分析时，便构成了文化与文化对话、交流（有时表现为冲突）和互鉴的美妙契机。在此意义上，外语类专业的课堂教学本质上就是跨文化教学，外语教育本质上就是跨文化教育。

第五，能得体和有效地进行跨文化沟通。跨文化沟通是跨文化能力在跨文化交际行为中的表现。这种交际行为可以口头展开，如具有不同文化背景的企业代表之间的跨文化商务谈判、出国旅行时与当地人的交流；也可以笔头展开，如学生在出国留学申请时所撰写的个人自述、企业的海外媒体广告。网络时代的到来，使得跨文化交际的空间从地上延伸到"线上"，从博客到微信，从 Facebook 到 YouTube，从大众传播到全媒体传播，跨文化交际/传播的渠道和形式无限拓展，无穷无尽。学术界提出了评价跨文化沟通的两个标准，其一为得体性，即跨文化沟通的过程中能够尊重对方的价值观念和行为规范，保持融洽的人际关系；其二为有效性，即通过沟通达成跨文化交际的目的，或实现合作，或增进理解，或加强友谊。在外语教育的背景下，评价外语能力的指标体系长期局限于听说读写译等语言技能，似乎它们是完全中性的工具，学生一旦加以掌握，便可以在跨文化的环境下自然实现沟通的目的。大量的研究表明，任何一种语言符号体系都是特定文化的产物，同时又成为这一文化的载体。在此意义上，掌握一种语言就是理解一种文化，语言学习的最终目的乃是要实现得体和有效的跨文化沟通，因此外语能力与跨文化能力密不可分。这意味着，现行的外语能力评价体系必须加以改革，将跨文化能力纳入其中。

第六，能帮助不同语言文化背景的人士进行有效的跨文化沟通。一个拥有跨文化能力的人不仅自己能够胜任得体有效的跨文化沟通，而且能够帮助他人实现跨文化沟通的目的。在此意义上，翻译能力可以理解为跨文化能力的一项子技能，其目的是在不同语言文化背景的人士之间架设沟通的桥梁。大量的翻译研究已经证明，翻译不仅促进了人类不同文化的理解和交流，而且翻译本身就是对两种不同文化（不仅是语言）的深度理解和准确表达；翻译能力与跨文化能力互为表里，互相促进。此外，一个拥有跨文化能力的人还应该能够调解跨文化冲突，因为他/她理解冲突双方的文化背景，并能从跨文化的视角帮助双方澄清误解，恢复交往关系。

2. 跨文化教学原则

明确外语教育的跨文化能力培养目标后，本文接下来进一步探讨跨文化能力培养的有效路径，特别是以跨文化能力培养为导向的外语类专业课堂教学的基本原则。

总体而言，为了有效提升外语类专业学生的跨文化能力，外语类专业必须建设高质量的跨文化交际课程，同时把跨文化教育贯穿整个课程体系和每一个教学环节。这就意味着外语类专业必须进一步加强人文通识教育，重视加强学生的国学修养以及对当代中国国情的了解，重视建设国别与区域研究相关课程，把跨文化文本解读、跨文化人际沟通和跨文化批判性反思的能力培养渗透到语言技能课程与专业知识课程的全过程之中。

不仅如此，跨文化能力培养还必须渗透到整个人才培养模式之中。与外语类专业相关的跨文化国际化人才大体可以分为两类，其一是跨文化国际化外语人才，即掌握一门到多门外语的语言服务型外语人才；其二是跨文化国际化外语复合型人才，即掌握至少一门外语并熟悉某一知识领域的专业型外语人才。与此相应，外语类专业的人才培养模式包括外语单一专业和外语复合专业两种类型。在巩固和加强语言服务型外语人才培养阵地的同时，外语类专业应积极拓展"外语+"人才培养模式（如商务英语、双学位或辅修），这不仅是外语类专业搭建有利于学生终身发展的知识结构的需要，而且是外语类专业服务于国家对跨文化国际化"专业型人才"培养的急需。此外，跨国短期留学、跨国联合培养以及国际暑期课程（本地或国外）也是促进学生跨文化能力发展的有效举措，应基于跨文化能力发展（intercultural competence development）研究的最新成果并着眼于跨文化能力培养的目标，精心规划和组织实施。总之，跨文化能力培养应理解为一项系统工程，只有全方位融入跨文化教育理念，外语类专业才有可能成功培养具有中国文化情怀、多元文化观和全球视野的国际化人才。

当然，外语类专业跨文化能力培养的根本途径还是外语类专业的语言技能课程和专业知识课程的课堂教学。在此笔者试提出跨文化教学的 5 项基本原则，即思辨（Critiquing）、反省（Reflecting）、探究（Exploring）、共情（Empathizing）和体验（Doing），这 5 个概念的英文首字母正好构成英文单词 CREED，我们不妨理解为跨文化教学的 5 大信条。下面逐一阐述。

原则一：思辨 跨文化教学应该训练学生运用认知技能解决跨文化问题。关于思辨的定义不计其数，这里不妨引用 Scriven & Paul（1987）提出的一个定义："思辨是一个经过专业训练的思维过程，在这一过程中，思辨者对通过观察、经历、反思、推理或交流所获取的信息积极进行熟练的概念化（conceptualizing）、运用（applying）、分析（analyzing）、综合（synthesizing）和 / 或评价（evaluating），以此作为信念和行动的指南。思辨的典型形式建立在一系列超越具体研究对象的普遍的知识价值之上，包括：清晰、准确、精确、一致、相关、证据、理性、深度、广度、公正。"在此意义上，笔者认为，跨文化教学必须引导学生运用思辨的方法对跨文化知识、信息与案例反复进行概念化、运用、分析、综合和 / 或评价，由此同步提升跨文化能力和思辨能力。依据此原则，跨文化教学不应该被知识灌输和讲授所占据，而应该引导学生进行积极的思辨，这意味着要让学生首先掌握思辨的方法，并精心设计要求学生运用思辨去完成的多样化跨文化任务。当思辨行为发生时，跨文化能力——而且是高层次的跨文化能力——自然得到提升。

原则二：反省 跨文化教学应该鼓励学生通过跨文化反省培养批判性文化自觉。在跨文化教学的情形下，反省通常在两个层面展开，一是学生把所学的跨文化理论用于理解和指导自己的跨文化实践，以检验跨文化理论的适用性；二是学生对自己的跨文化实践进行总结和分析，以揭示经验或教训。这两种跨文化反省均旨在实现理论学习与实践应用的有机结合，从而不断改进跨文化实践，提高跨文化能力。大量的教育学和心理学研究表明，反省（或反思）是一种"深层学习"（deep learning），可以促进个人在认知上、道德上、人格上、心理上和情感上的全面成长（Branch & Paranjape, 2002）。具体而言，反省有助于学生更好地理解自身的优点和缺点，发现并质疑自己潜在的价值和信念，挑战自己的观念、感觉和行为背后的假设，找到隐藏的偏见，承认自己的恐惧，发现不足和有待改进的方面（Monash University, 2016）。依据反省原则，跨文化教学可以设计讨论、访谈、提问、日记等多种课堂活动，促进有深度的跨文化反省，培养批判性文化自觉（Costa & Kallick，2009；该书第12章探讨了反思性学习的要领和具体方法，可资借鉴）。此外，在中国文化与世界各国文化加速互动的经济全球化时代，跨文化反省不仅应该在学生的个人生活层面展开，而且应该在中外文化之间展开，积极引导学生从全球多元文化视角审视中国文化传统，增强文化自信和批判性文化自觉，促进中国传统文化的创造性现代转型和民族文化复兴。

原则三：探究 跨文化教学应该成为一个开放的跨文化探究过程。跨文化教学的根本目的是培养学生的跨文化能力，而不是给学生输入大量的跨文化知识或标准答案。事实上，跨文化交际/传播的情形千变万化，教师也不可能提供一劳永逸的灵丹妙药。因此，跨文化教学应重视通过跨文化探究活动培养学生的探究能力，也就是独立学习能力和终身学习能力，使他们在面对真实的跨文化场景时能够积极获取信息，寻求资源，独立思考，创造性地解决具体问题。遵循探究的原则，跨文化教学应重视对跨文化问题的探究过程，使学习活动由问题牵引，成为寻求新的知识与新的理解的过程，在此过程中教师是学习活动的促进者，学生积极自主地探究，对学习活动和能力发展承担越来越多的责任（Spronken-Smith, 2016；关于探究性学习，学术界已有不少研究，新西兰学者的这篇在线综述文章可以提供一些有价值的参考信息）。最终，遵循探究原则的跨文化教学致力于培养学生对世界多元文化的好奇心、开放态度和宽容精神。

原则四：共情 跨文化教学应该基于共情伦理并促进共情人格的发展。在跨文化交际语境下，美国学者Calloway-Thomas（2015）把共情（同感、同理心）定义为"通过想象在认知、情感和行为等层面进入和参与文化他者的世界的能力"。也就是说，跨文化实践者应能够进入跨文化沟通对象的物质世界和精神世界，设身处地地用文化他者的"眼睛"观察事物，用文化他者的"心灵"感受事物，并用文化他者的"大脑"理解对方的行为逻辑。在此意义上，共情既可以构成跨文化沟通的伦理规范，也可以理解为跨文化能力的核心要素——形成跨文化人格。作为跨文化伦理规范，共情伦理应该成为跨文化教学中师生双方共同遵守的价值准则。这就意味着，在面对不同的、新奇的甚至是不可思议的外国文化现象时，教师应引导学生尊重、宽容甚至欣赏文化差异，避免急于进行价值判断，乐于换位感受和思考，对自身的偏见和思维定式保持敏感，把文化差异视为丰富自我、开阔视野和创造新文化的宝贵资源。一个具有跨文化同感的人最终能够超越自我文化的边界，不断吸收和整合世界多元文化的丰富资源，最终建构包容个人与人类和民族文化与世界文化的"跨文化人格"（intercultural personhood）（Kim，2008）。另一方面，作为跨文化能力的核心要素，同感应该纳入重要的跨文化子技能在教学中反复训练。这意味着，跨文化教学不能止步于比较不同文化之间的差异，而应引导学生跨越文化边界进入对方的意义和情感世界，通过视角转换或角色扮演，去理解和感受文化差异，做出审慎的同情的评价。

原则五：**体验** 跨文化教学应该创造跨文化体验的机会以促成跨文化能力的内化。做中学（learning by doing），又称为体验式学习（experiential learning），已成为教育界各学科普遍认可的一种行之有效的教学理念。根据 Kolb（1984）提出的理论模型，体验式学习是一个线性关联的四阶段循环过程，包括体验、观察、概念化和试验等四个步骤。学习者首先承担并完成一项任务，然后反思执行任务的具体过程，接着把具体经验上升为概念和理论，最后把获得的新知投入进一步试验。这一理论模型及其学习原则可以引入跨文化教学，促进跨文化能力的有效内化。体验式跨文化教学可以在课堂内展开，如要求学生通过扮演跨文化角色、观赏跨文化电影或阅读跨文化案例，间接地体验跨文化沟通情形，然后通过讨论或头脑风暴进行反思，接着进行概念化理论归纳，最后把分析的结论投入实践检验。更有效的体验式跨文化教学应该是在传统课堂之外展开的，如组织学生参加出国夏令营、短期留学或从事海外志愿服务。事实上，国内越来越多的高校都在积极为学生争取形式多样的国际化教育或访问机会，遗憾的是这些安排往往停留在课程学习或浏览观光的层面。为了使这些留学或游学活动真正促进学生的跨文化能力发展，学校应根据体验式学习理念，对海外跨文化实践活动的各阶段进行全过程精心设计，并安排经验丰富的教师全程跟踪和指导，使学生的海外经历成为真正的体验式跨文化学习，最终实现跨文化能力的有效内化。

3. 外语类专业的新使命

随着经济全球化进程的推进和中国的快速崛起，中国和世界各国的竞争与合作日趋频繁，中华文明与世界多元文明的交流互动可谓风雷激荡，其深度与广度均史无前例。中国离不开世界，世界需要中国，这已成为普遍共识。习近平主席在联合国教科文组织总部的演讲中指出："对待不同文明，我们需要比天空更宽阔的胸怀。文明如水，润物无声。我们应该推动不同文明相互尊重、和谐共处，让文明交流互鉴成为增进各国人民友谊的桥梁、推动人类社会进步的动力、维护世界和平的纽带。我们应该从不同文明中寻求智慧、汲取营养，为人们提供精神支撑和心灵慰藉，携手解决人类共同面临的各种挑战。"在中外文明全方位交流互鉴的大背景下，可以说当代中国比历史上任何时期都更需要具有跨文化能力的高层次国际化人才。

然而现实让我们并不乐观，正如赵为粮（2016）在中央党校主办的《学习时报》上撰文指出的："在发展更高层次的开放型经济新常态下，具有国际视野、通晓国际规则、能够参与国际事务与国际竞争的国际化人才十分缺乏。从国家层面上看，中国人在有影响的政府间国际组织和权威性的国际性非政府组织中，担任职务特别是高级职务的相对较少，直接导致中国的'制度性话语权'不够。从企业层面上看，国际化人才短缺成为中国企业走出去的最大瓶颈，也是造成企业对外投资失败、跨国经营能力较低、海外并购难以成功的重要原因。"

事实上，加强培养具有跨文化能力的国际化人才已成为世界高等教育界的共识。教育领导力研究领域的西方学者 King & Magolda（2005）指出："在这个全球相互依赖日益加深的时代，教育的紧迫任务就是要培养具有跨文化能力的公民，他们在面临涉及多元文化视角的问题时，能够做出明智的、道德的决策。"

跨文化研究领域的学者 Pusch（2009）写道："必须培养新一代领导人，他们应具有超越宽容进而拥抱差异的跨文化态度，学会在一个多元文化的世界上建设性地、共情地生活，这一点对于人类以及地球的生存至关重要。……人类生活的每一个领域都迫切需要这样的领导者，他们跨越文化边界，能创造和维护立足于文化差异的制度，并允许多样化的创新不断涌现。"

可见，无论是着眼于中国全方位走向世界的人才急需，还是着眼于全球高等教育的发展趋势，进入新时期的中国高等教育都应该尽快肩负起跨文化国际化人才培养的紧迫使命。这同时也正是我国高校外语类专业凤凰涅槃的历史机遇。

参考文献

A statement by Michael Scriven & Richard Paul, presented at the 8th Annual International Conference on Critical Thinking and Education Reform, Summer 1987. Retrieved March 5, 2016 from: http://www.criticalthinking.org/pages/defining-critical-thinking/766. 关于思辨能力的定义另请参阅：孙有中. (2011). 突出思辨能力培养，将英语专业教学改革引向深入. 中国外语, (3).

Branch, William T. Jr. & Paranjape, Anuradha. Feedback and reflection: Teaching methods for clinical settings [J]. *Academic Medicine*, 2002, 77(12): 1187.

Calloway-Thomas, Carolyn. Beyond the Crooked Timber of Humanity: Empathy in the Global World [A]. 孙有中主编. (2015). 跨文化研究新视野 [C]. 北京：外语教学与研究出版社.

Costa, Arthur L. & Kallick, Bena. (2009). *Learning and Leading with Habits of Mind*. Association for Supervision & Curriculum Development.

Deardorff, Darla K. (ed.). (2009). *The Sage Handbook of Intercultural Competence*. Sage Publications, Inc.

King, P. M. & Baxter Magolda, M. B. (2005). A Developmental Model of Intercultural Maturity. *Journal of College Student Development*, 46: 571.

Kim, Young Yun. (2008). Intercultural Personhood: Globalization and a Way of Being. *International Journal of Intercultural Relations*, 32(4): 359-368.

Kolb, D. (1984). *Experiential Learning: Experience as the Source of Learning and Development*. Englewood Cliffs: Prentice Hall.

Monash University. The reflective learning process [A]. Retrieved March 5, 2016 from: http://www.monash.edu.au/lls/llonline/writing/medicine/reflective/3.xml.

Pusch, Margaret D. (2009). The interculturally competent leader [A]. In Deardorff (ed.). *The Sage Handbook of Intercultural Competence* [C]. Sage Publications, Inc., 81.

Spronken-Smith, Rachel. Experiencing the process of knowledge creation: The nature and use of inquiry-based learning in higher education [A]. Retrieved March 6, 2016 from: https://akoaotearoa.ac.nz/sites/default/files/u14/IBL%20-%20Report%20-%20Appendix%20A%20-%20Review.pdf.

UNESCO. Universal declaration on cultural diversity [A]. 2001. Retrieved March 5, 2016 from:http://portal.unesco.org/en/ev.php-URL_ID=13179&URL_DO=DO_TOPIC&URL_SECTION=201.html.

习近平. 在联合国教科文组织总部的演讲. http://news.xinhuanet.com/world/2014-03/28/c_119982831_3.htm. 检索日期：2016 年 3 月 7 日.

赵为粮. (2016). 五大发展理念下教育发展与改革 [N]. 学习时报，1(11): 8.

融合跨文化能力与大学英语教学的行动研究 [①]

杨　华　李莉文

北京外国语大学

摘要： 大学英语课堂是培养大学生跨文化能力的重要场所。本文的目的是探索如何在大学英语教学过程中，有机融合跨文化能力培养，实现大学生英语技能和跨文化能力的共同发展。本研究采用行动研究的方法，在大学二年级综合英语课上进行了两轮教学实践，通过对教学目标及任务设计、实施过程以及教学效果的持续观察、反思和反复实践，构建了"产出型语言文化融合式教学模式"。该模式不仅有助于学生提高语言应用技能，还可促进他们在中国的外语教育环境下，恰当、有效地解读异域文化，联系本族文化，更加深刻地认识自我与他人，培养开放、包容的观念和态度。

关键词： 跨文化能力；大学英语；语言文化融合

1. 研究背景

　　大学生跨文化能力 [②] 的培养已成为国内外外语教育界广泛关注的课题（胡文仲，2013；Byram，2014；庄恩平，萨斯曼，2014）。《大学英语教学指南》和《外语类专业本科教学质量国家标准》（2015 征求意见稿）明确了跨文化交际能力在大学英语教学和英语专业教学中的重要地位和发展路径，为全国高校下一步教学改革指明了方向。语言作为文化的载体，外语教学的过程在某种程度上，也是跨文化能力的培养过程。但在教学操作层面，语言技能与跨文化能力的结合仍然碎片化，缺乏系统性。目前，我国大学英语课程体系内，有单独开设的跨文化交际课程，但对语言学习的关注不够；也有涉猎跨文化内容的英语技能课，但把英语技能与跨文化技能有机融合的课堂教学实践却不多。联合国教科文组织颁布的《跨文化教育指南》（SC Organization，2007）明确指出跨文化教育不是一门独立的、新增加的学校课程，它的理念应该融入学校的教育体制和各门课程的教学，

---

① 基金项目：本文为 2015 年度北京高等学校教育教学改革立项联合项目"融入跨文化交际能力培养的大学英语教学改革与过程评估研究"（项目编号：2015-lh03）阶段性成果，并受北京外国语大学 2016 年度院系自主团队项目"融入跨文化交际的大学英语课堂互动模式研究"以及"新世纪优秀人才支持计划"（项目编号：NCET-13-0677）的资助。本文发表于《外语与外语教学》2017 年第 2 期（总 293 期）。

② 此文对跨文化交际能力及"跨文化能力"不做区分。详见胡文仲（2013：4）。

尤其是外语教学在其中发挥着非常重要的作用。有鉴于此，外语课堂作为培养跨文化能力的重要场所（Byram，2014：65-68），践行《大学英语教学指南》跨文化培养目标的一条切实有效途径是将跨文化有机融入大学英语教学，通过设计、实施、检验有针对性的教学目标和任务，实现学生语言能力和跨文化能力的同步发展。

2. 文献回顾

西方国家的跨文化研究由来已久，是较为成熟的学科。对于跨文化的教学研究，主要在真实的跨文化交际场景下，构建跨文化交际的概念框架（Kramsch，2011；Uryu et al.，2014）、发展特征（Tannen，1984；Deardorff，2009；Risager，2014）及培养途径（Bennett，2009；Huth，2010）。在外语教育领域有研究提出了具体的跨文化能力教学模式和方法。如新西兰、澳大利亚政府教育部门有关跨文化"第三空间"的报告（叶洪，2012；Newton et al.,2015）；Schmidt（1998）的培养跨文化交际能力的ABC法，即通过不同文化背景下重要事件的对比、分析，加强对目标文化及自我文化的认识和理解。Houghton（2012；2013）的跨文化对话模式（Intercultural Dialogue Model）提出了外语教育中提高学生跨文化交际能力的五步法，侧重对学生在跨文化交际过程中价值体系和个人身份发展的考察。Borghetti（2013）将跨文化与语言教学模式相结合，提出了两者融合的整体思路和宏观途径。Moeller和Osborn（2014）在回顾、评价Byram、Deardorff和Borghetti的跨文化教学理论模式的基础之上，提出了跨文化教学目标的原则以及课堂活动方法。Byram（1989；2014）的跨文化能力模型提出将"发现"、"对比"、"分析"作为外语教学跨文化技能的主要方面。以上三个技能，与其他模式相比，更便于转化为具体的外语跨文化教学目标，切实体现在教学任务设计和实现的过程当中（Qin, 2015）。以上国外研究的共同点是缺少对语言教学过程及教学效果的关照，偏重跨文化能力培养，而忽视语言与跨文化结合的具体思路和做法。

国内外语教育领域跨文化能力的研究主要分为三类：第一类是对于跨文化交际教学的理论和思辨研究（杨盈，庄恩平，2007；孔德亮，栾述文，2012；胡文仲，2013；孙有中，2014；2016），对跨文化能力的概念、范围及其与外语教学的关系等进行了理论层面的论述；第二类是针对我国跨文化交际能力现状展开的描述性研究（邵思源，陈坚林，2011；樊葳葳等，2013；吴卫平等，2013；杨玲，2013；韩晓蕙，2014；史兴松，2014；等），其方法多采用问卷调查的形式，主要呈现我国师生跨文化能力及意识的现状及需求；第三类是教学中的跨文化视角（intercultural perspective）（胡文仲，2013：6）。值得一提的是，越来越多的国内学者关注在大学英语课程体系内将英语教育与跨文化教育相融合，并提出了具体的跨文化交际教学原则和教学方法（孙有中，2016）。比如，黄文红（2015）在英语专业综合英语课上进行过程性跨文化教学实验，将学生分成对子，让学生选择对象国、形成假设、搜集资料、进行跨文化研究、撰写日志、反思。教学结果显示，与传统的知识性文化教学模式相比，过程性文化教学能够更显著地提升情感和行为层面的跨文化交际能力。虽然该教学实验的跨文化活动"结合课本知识"（黄文红，2015：53），但在多大程度上与该课程的语言技能目标和内容相结合，则未能详述。常晓梅和赵玉珊（2012）基于大学英语综合课程进行了旨在提高学生跨文化能力的行动研究，她们的教学环节包括"描述文化信息"、"分析案例"、"参与交际活动"和"反思文化差异"。该研究中的跨文化教学活动围绕课程每个单元的主题展开。但这些活动如何与具体的语言技能教学相结合，两者之间是何种关系，有待进一步探讨。

以上研究成果为进一步开展跨文化融入大学英语的研究和实践提供了基础。但我国的大学英语跨文化教学，既不能效仿国外的做法，大幅度脱离大学英语原有教学大纲及教材；也不能是简单的"文化导入"（黄文红，2015：51），而是在大学英语教学内容的框架下，将语言教学与跨文化能力系统地对接。从这个角度讲，真正符合中国高校外语教育特点的本土化跨文化教学研究是缺乏的。（孔德亮，栾述文，2012：18）

3. 研究问题和设计

本文提出的研究问题是：怎样实现大学英语语言教学与跨文化能力培养的融合？基于以上研究问题，我们采用跨文化能力最广为接受的定义"基于个人跨文化知识、技能和态度，能够有效、恰当地在跨文化情境中交流的能力。"（Deardorff，2006：249）。跨文化情境的设置在教学中主要基于跨文化文本和视听材料，达到书面和口头交际的有效性和恰当性。我们主要以跨文化技能的培养为出发点和抓手，促进学生对跨文化知识的获取，并逐步提升学生的跨文化态度（开放、包容）。跨文化技能包括学生获取新文化知识的能力（发现）；将其与自身文化建立关联的能力（对比）；从其他和自身文化视角解读某一事件或材料的能力（分析）（Byram，2014）。本文旨在以传统的英语技能为导向的大学英语教学中，有机融合对学生英语跨文化技能的训练，使其在掌握英语技能的同时，提高跨文化能力，教学过程体现思辨、反省、探究、共情和体验的跨文化教学原则（孙有中，2016）。

基于以上研究问题和对跨文化能力培养的操作性定义，我们共开展了两轮行动研究。第一轮行动研究于 2015 年 12 月进行，为期一周，共 6 课时，收集的数据包括本单元教学计划、课堂录音（300 分钟，编码为 R-I+ 录音所在的具体位置）、教师教案、教师反思日志（两份，编码为 TR_1、TR_2）以及学生课堂反思（34 份，编码为 $SR_1 \sim SR_{34}$）。第二轮行动研究在第一轮的基础上，修改教学计划，于 2016 年 4 月进行，为期一周，共 5 课时。收集的数据包括课堂录音 250 分钟（编码为 R-II+ 录音所在具体位置）、教师教案、教师反思日志（两份，编码为 TR1、TR2）以及学生书面作业 34 份（分别标记为 LG1 ~ LG17；LA1 ~ LA17）。

4. 第一轮行动研究

4.1 教学计划与行动

选取大学综合英语课的一个单元进行教学设计，课文来自《现代大学英语》第三册，题目为"A drink in the passage"（楼道里的祝酒）。授课对象为某大学二年级商学院学生，英语水平中高级，班级规模 34 人。该课文描述了南非种族隔离时期，一个黑人雕塑家的作品意外获奖之后，与一个当地白人青年偶遇，并被邀至白人家门外走廊小酌的故事。这篇课文以故事的形式，描绘了 20 世纪 60 年代黑人在种族歧视环境中所遭受的侮辱和非人的待遇，也表达了当时黑人与白人均力图增进了解，消除歧视，但又无能为力的状态。基于这样的课文内容与主题，我们希望通过融入跨文化的教学任务设计，使学生在学习和使用语言知识技能的同时，从自身文化和对方文化的角度理解和分析"种族歧视"现象。

整个单元的教学内容划分为 9 个教学事件（参考 Jordan & Henderson，2009：57-61）。每个教学事件均由具体的教学任务组成（见表 1）。其中 6 个事件融入跨文化能力培养，围绕"种族歧视"主题进行跨文化讨论。学生通过"发现"、"对比"、"分析"三个显性跨文化技能的学习活动，体现思辨、反省、探究、共情和体验的跨文化教学原则。这 6 个教学事件或紧密结合课文主题内容，或以学生阅读理解、词汇理解与使用、篇章分析为基础。另外 3 个教学事件则以语言点和语法知识为核心，进行显性语言教学，这 3 项内容穿插、分散在跨文化教学内容中间，为学生最后的跨文化输出任务提供语言基础。

表 1 第一轮行动研究单元教学的 9 个教学事件（带 * 为融入能力培养的教学事件）

序号	教学事件	目标类型及跨文化教学原则	说明	课堂时间	课堂形式 / 参与者
1*	创造学习需求	语言及跨文化目标-发现 / 跨文化教学原则：探究	讨论现代社会中的歧视现象，引入本单元"种族歧视"主题，引入教学目标。	20 分钟	学生讨论与歧视相关的认识或经历，教师输入相应语言表达
2	理解大意及细节	语言目标	回答 10 个课文阅读理解问题。	60 分钟	学生默读，教师提问，小组讨论，师生问答
3*	句子释义	语言及跨文化目标-发现、分析 / 跨文化教学原则：探究	从语言形式和深层意义两方面解读 5 个具有重要跨文化含义的句子。	45 分钟	小组讨论、师生互动，教师输入语言、文化背景知识
4	词汇及语法	语言目标	不涉及跨文化内容。课文中语言点、语法知识。	20 分钟	教师提问，学生回答，教师讲授
5*	解读案例	语言及跨文化目标-发现、分析 / 跨文化教学原则：探究	找出文中显性或隐性歧视例子并解读。	25 分钟	组内讨论，轮流发言，师生讨论

（待续）

序号	教学事件	目标类型及跨文化教学原则	说明	课堂时间	课堂形式／参与者
6*	陈述事实	跨文化目标－对比／跨文化教学原则：探究	题目为：Racial Segregation in South Africa and in the United States	30 分钟	小组任务，课外准备，小组代表轮流上讲台报告
7*	扮演角色	跨文化目标－对比／跨文化教学原则：共情、体验	任务为：如果学生是文中的主人公，是否做出同样的选择？	20 分钟	学生组内讨论，分别发言，师生讨论
8	练习与语法	语言目标	语言练习及语法知识，不涉及跨文化内容。	50 分钟	学生提问，教师有重点讲解
9*	分析反思	跨文化目标－分析／跨文化教学原则：思辨	对五个跨文化相关话题进行解读，并作报告。	30 分钟	小组课下准备，课上报告。学生当堂写反思。

4.2 教学观察及反思

通过课堂观察、细读该单元教案以及师生反思日志，发现此次教学过程存在两个问题：（1）以语言为目标的教学事件 4 和 8 不是"产出型"教学，学生虽学到了与"歧视"相关的词汇（SR_6），对富有文化含义的词汇有了敏感度（SR_5），但主要是教师输入，学生被动接受，参与度较低（TR_1）。此外，教学事件 2 和 5 虽然目标不同，但内容重复，导致课堂用时拖沓（TR_1、TR_2）。（2）以跨文化为目标的教学事件 6、7 和 9 虽是"产出型"教学任务设计，但大多数学生"产出"时"没有使用本单元新学的词汇"（SR_{19}），在"角色扮演"中"不能理解文中主人公的做法"（SR_4；SR_7；SR_{17}），习惯从自身的角度和经历看待对方文化现象（TR_2）。下一轮行动研究需要解决语言目标和跨文化目标深度融合的问题，即语言运用如何落实到"产出型"跨文化任务中，以及"产出型"任务的设计如何集"发现"、"对比"和"分析"于一体，少而精，且操作性强。

5. 第二轮行动研究

5.1 教学计划及行动

第二次教学实验所采用的课文是《现代大学英语》第四册中的某一单元：The telephone。共用 5 课时，为期一周。该课讲述了作者童年时代在黎巴嫩边远地区的生活状况及童年乐趣，后来由于安装了电话，村民们的生活发生了变化，纷纷离家去外面的世界寻找更好的生活。以此为内容基础设计了 6 个教学事件，其中教学事件 1 布置了两个"产出型"跨文化任务，体现少而精的理念，具有实操性，接近学生的生活体验。教学事件 2（童年轶事）和教学事件 3（村庄变迁）为完成"产出型"跨文化任务做内容与语言上的铺垫（Wen, 2016），同时集"发现"、"对比"和"分析"的跨文化技能训练于一体。教学事件 4-6 是对教学事件 1 的任务实施、评估和总结。表 2 体现了该单元教学事件环环相扣的教改思路。

表 2　第二轮行动研究单元教学的 6 个教学事件

序号	教学事件	教学目标及跨文化教学原则	任务说明	课堂时间	课堂形式 / 参与者
1	目标分享	本单元结束时应该达到的任务及要求 - 从自己的文化视角讲述对方文化 - 从对方的文化视角讲述自己的文化	给文中作者 Accawi 写信，介绍自己的童年；给自己的祖父母写信，介绍 Accawi 的童年。任务要求：能够站在不同的文化视角，有效、恰当地讲述自己或他人文化中的故事，使读者能够理解和接受。	30分钟	教师提供任务场景，师生共同讨论完成任务所需的知识和技能。教师确保学生明确教学目标。

（待续）

17

（续表）

序号	教学事件	教学目标及跨文化教学原则	任务说明	课堂时间	课堂形式/参与者
2	童年轶事	发现、比较、分析作者童年时代与现代社会的异同（跨文化教学原则：探究、共情、反思）	涉及课文1-10自然段。内容为作者童年生活相关的三个事件：（1）记录时间的方式；（2）干旱打水；（3）排队打架。学生在理解课文语言及意义的基础上，找出与本族文化异同之处，经过师生互动，进一步认识自我与他人。 语言学习：描述当地人记录时间的方式；描述当地妇女的外貌及排队汲水的场景；发现并分析具有当地文化特色的语言表达①；分析比喻句体现的文化共性②。	70分钟	学生阅读原文、讨论、发言；教师提问、对理解问题及语言点进行启发式提问、引导学生发现、对比、分析不同文化事件。

（待续）

---

① 具有当地特色的语言表达如 "In the year of drought, that clearing was always packed full of noisy kids with big brown eyes and sticky hands..."; "... men from the telephone company, who proceeded with utmost gravity, like priest at Communion..."

② 比喻句如 "We knew what to do and when to do it, just as the Iraqi geese knew when to fly north..." 分析我国不同地域会使用何种比喻，其共同点是什么。其他比喻句如："Magdaluna became a skeleton of its former self, desolate and forsaken, like the tombs, a place to get away from."

（续表）

序号	教学事件	教学目标及跨文化教学原则	任务说明	课堂时间	课堂形式／参与者
3	村庄变迁	发现、比较、分析由于安装电话，整个村庄的前后改变（跨文化教学原则：探究、共情、反思）	涉及原文 11-25 自然段。内容为村庄转变过程的三个事件（1）电话安装；（2）村庄中心的转变；（3）村民离开村庄。学生在理解课文语言及意义的基础上，找出与本族文化异同之处，经过师生互动，进一步认识自我与他人。 语言学习：描述电话安装前后村庄发生的各种变化；描述安装的场景、寡妇 Imkaleem 的外貌及特征。发现并分析具有当地文化特色的语言表达；分析比喻句体现的文化共性。	80 分钟	同上
4	任务布置	总结全文，布置课外写作任务（跨文化教学原则：共情、体验）	教师总结全文大意；将学生分成两组，布置各组课后写作任务（见教学事件 1）。强调写作要求：尽量利用原文内容及语言点；体现跨文化意识。	20 分钟	教师陈述
5	任务呈现与反馈	教师呈现学生写作例子，教师反馈、学生互评（跨文化教学原则：反思、思辨）	教师呈现有代表性学生写作例子。师生反馈、评价的标准：是否使用本单元的语言点；是否有读者意识；内容是否充实；结构是否清晰；写作是否有条理。	40 分钟	教师展示、学生发言、教师反馈、学生口头互评。

（待续）

（续表）

序号	教学事件	教学目标及跨文化教学原则	任务说明	课堂时间	课堂形式／参与者
6	单元总结	总结及反思	回顾教学目标，总结教学内容；深挖单元主题。学生当堂写反思。	10 分钟	教师提问，学生回答，教师陈述。

  教学事件 2 和 3 是课堂教学主要内容。这两部分的操作模式是：采用师生互动的形式，通过教师引导性、支架性的提问，由发现异域文化的新现象开始，到与本族文化异同的对比，再到原因的分析，以及对该现象的评价，逐步深入。对课文、难句、词汇的理解以及语言的学习融入跨文化的讨论过程中，跨文化目标与语言目标同步进行，相互促进。

5.1 教学观察及反思

  此次教学实验，较为成功地实现了语言教学目标与跨文化目标的融合。通过设计基于文本的产出型跨文化任务，把课文理解、语言理解和使用，以及跨文化技能的训练深度融合。学生能够在跨文化语境中获得对词汇的认识，并通过师生互动，从自身和作者视角探讨特定的文化现象，最终达到对文章深层次的理解。例如，在教学事件 3 中，学生发现了对方文化中的新现象：一个相貌丑陋、行为粗犷的女子是全村男人聚集的中心（R-II-20：22-30：29）。对于其背后的文化原因，大家讨论激烈，猜测该女子之所以受到欢迎是因为她善于倾听，能提供建议（S2）；因为她大方，提供免费饮料和服务（S6，S7），也有学生表示不能理解（S5）等等。最后有学生（S8）提出这个女子存在的象征意义：男人需要一个谈论政治、显示自身重要性的场所。同时联想到现代社会，该场所与咖啡厅的相似之处，从而更加清楚类似的社会性聚集对于个人维持其社会地位、保持其精神面貌的重要意义。这个教学片段，从跨文化对比开始，师生之间不断探究文化现象背后的原因，加深了学生对对方文化的理解和对自我文化的反思。与此同时，师生在进行以跨文化为主题的讨论过程中，详细讨论了 confessor 的词义和使用语境；促使学生利用课文中的词汇，描述了文中女子的样貌举止（如 jet-black hair, raspy voice 等）；通过回答问题，学生积极寻找课文中与该女子相关的信息点（entertain, kept the men out of their hair, talk sense to those men 等），并进行复述和概括。这个过程，学生不仅得到了跨文化技能的训练，而且增加了对语言及其文化内涵的理解。

学生在"产出型"写作任务中不仅体现了跨文化的意识，也能够主动利用原文的信息和语言点，体现了较好的语言教学效果。给文中作者 Accawi 介绍自己的童年时，大多数学生能够将自己的故事与作者的童年进行一定的关联（LA2，LA4，LA5 等）；积极反思自己的童年，并呼应作者的感受（LA5，LA8，LA9 等）；恰当使用原文中的词汇来描述自己的童年经历或感受（homey sound LA13；pursuing better life LA10 等）。学生给自己的祖父母写信介绍 Accawi 的童年时，能够充分交代 Accawi 所在地区的地理、经济和生活状况（LG3；LG6 等）；能够挑选原文中的合适的语言表达来介绍当地的事件（keep track of time, timepiece；marble games，run errands 等）。学生在完成写作任务基本要求的基础上，分析了不同时代儿童乐趣异同的原因（LA2；LA4；LG2；LG3），体现了学生对对方文化的共情、开放的态度，以及对自己文化更为深刻的认识与反思。如下例学生写作摘抄所示（已译成汉语）：

"我感觉到你（Accawi）的怀旧，我有时也是这样。但我不会沉迷往事，因为当下才是最好的。"(LA5)

"过去我们也不用钟表，而是靠老天来记录时间。这一共同点让我感觉他们（Accawi）和我们并没有什么不同。"(LG2)

"我曾经不能理解为什么您（祖父）想要回到过去。现在学习了 Accawi 的童年之后，我明白了您的意思。"(LG4)

第二轮行动研究，克服了第一轮教学中语言学习效果不佳，学生无法切实体会对方文化的问题。本轮教学在目标任务的实践过程中，学生们能够从自我和对方视角理解对方文化，反思自身文化，同时融入了语言的学习和使用。

6. 讨论及启示

通过两轮行动研究，我们发现，可以通过"产出型语言文化融合式教学模式"实现外语课堂中跨文化与外语教学的结合。该模式由"目标设定—任务设置—任务实施—任务评估与反思"四部分组成，每部分融合了外语教学和跨文化能力培养的基本步骤和程序，体现了对课程目标、任务和评估的革新。

在目标设定上，跨文化目标与语言目标的融合是教学的起点和指挥棒。许多大学英语课堂视跨文化为语言教学目标之外"多出来"的内容。但我们的行动研究发现，以相对完整的课堂内容为基础，以某一具体的跨文化技能为目标，有选择地进行语言教学，学生能够提升对目标语言本身及其语境的敏感度，并在语言输出中主动使用。

在教学任务的设计上，要能够以少而精的产出型任务为驱动，促使学生在体验跨文化的过程中，主动学习所需的跨文化技能，提升语言应用能力。任务的主题紧紧依托课程内容，充分考虑学生的认知和体验，增加任务的可操作性。任务中的跨文化技能训练和语言训练应形成组合：跨文化以相关的文本内容和语言学习为基础，反过来，跨文化任务的实施过程也促进了语言的学习和使用。任务的实施途径可以是角色扮演、课堂讨论、故事续写等，递进式地训练学生发现、对比、分析的跨文化技能，以及相关的语言技能。任务的难度视学情而定，每一项任务可以体现一、二点跨文化教学原则。

形成性的任务评估与反思是课堂教学效果的保障。评估与反思相伴发生，贯穿教学始终，不断完善下步教学。如即时的互动形成性评估、对学生表现的观察和记录、学生作业、学生互评等形式都会促进师生对融合的课堂过程和课堂效果进行反思，以改善下一步教学。跨文化和语言教学的有机融合尚属探索阶段，教学过程中的课堂观察、课堂录音或录像、师生反思、课堂教学核查表等基本课堂数据的收集与分析尤其必要。

跨文化融入大学英语教学，一方面能够为充满危机的传统大学英语课堂（黄国君，夏纪梅，2013）注入活力，实现外语教学的人文性目标；另一方面，外语教学为大学生的跨文化能力培养提供主观认识和亲身体验的环境，其学科属性使其成为实施跨文化教育最有效的阵地（张红玲，2012）。本文通过两轮行动研究，探索了一条较为可行的将跨文化融入技能课的教学路径，在提高学生英语应用能力的同时，提高学生的跨文化技能，增强跨文化意识，为进一步探索、提高融合跨文化与大学英语教学的研究和实践提供新思路。

参考文献

Bennet, J. M. (2009). Cultivating Intercultural Competence: A Process Perspective. In D. Deardorff (ed.), *The Sage handbook of Intercultural Competence* (pp121-140). London: Sage.

Borghetti, C. (2013). Integrating Intercultural and Communicative Objectives in the Foreign Language Class: a Proposal for the Integration of Two Models. *The Language Learning Journal*, 41, 254-267.

Byram, M. (1989). *Cultural Studies in Foreign Language Education*. Clevedon, UK: Multilingual Matters.

Byram, M. (2014). *Teaching and Assessing Intercultural Communicative Competence.* Shanghai: Shanghai Foreign Language Education Press.

Deardorff, D. K. (2009). Synthesizing Conceptualizations of Intercultural Competence: A Summary and Emerging Themes. In D. Deardorff (ed.), *The Sage Handbook of Intercultural Competence* (pp 264-269). London: Sage.

Deardorff, D. (2006). Identifications and Assessment of Intercultural Competence as a Student Outcome of Internationalization. *Journal of Studies in International Education*, 10: 241-266.

Jordan, B., & Henderson, A. (2009). Interaction analysis: Foundations and Practice. *Journal of the Learning Sciences*, 4: 39-103.

Houghton, S. (2012). *Intercultural Dialogue in Practice: Managing Value Judgment in Foreign Language Education.* Clevedon, UK: Multilingual Matters.

Houghton, S. (2013). Making Intercultural Communicative Competence and Identity-Development Visible for Assessment Purposes in Foreign Language Education. *The Language Learning Journal*, 41: 311-325.

Huth, T. (2010). Intercultural Competence in Conversation: Teaching German Requests. *Die Unterrichtspraxis/Teaching German,* 43: 154-166.

Kramsch, C. (2011). The Symbolic Dimensions of the Intercultural. *Language Teaching*, 44: 354-367.

Moeller, A. J., & Osborn, S. R. F. (2014). A Pragmatist Perspective on Building Intercultural Communicative Competency: from Theory to Classroom Practice. *Foreign Language Annals*, 47, 669-683.

Newton, J. M. et,al. (2015). Intercultural Communicative Language Teaching: Implications for Effective Teaching and Learning [OL]. https://www.researchgate.net/publication/282694720_Intercultural_communicative_language_teaching_implications_for_effective_teaching_and_learning, accessed 10/29/2015.

Qin, S. (2015). Food and Dining Habits. Presented at "A Short Course on Intercultural Competence in Foreign Language Education". Beijing.

Risager, K. (2014). *Language and Culture Pedagogy: From a National to a Transnational Paradigm.* Shanghai: Shanghai Foreign Language Education Press.

SC Organization. (2007). UNESCO Guidelines on Intercultural Education. *United Nations Educational Scientific & Cultural Organization*, 43.

Schmidt, P. R. (1998). The ABC's of Cultural Understanding and Communication. *Equity & Excellence in Education,* 31: 28-38.

Tannen, D. (1984). The Pragmatics of Cross-cultural Communication. *Applied Linguistics, 5*: 189-195.

Uryu, M., Steffensen, S. V. & Kramsch, C. (2014). The Ecology of Intercultural Interaction: Timescales, Temporal Ranges and Identity Dynamics. *Language Sciences, 41*: 41-59.

Wen, Q. (2016). The Production-Oriented Approach to Teaching University Students English in China. *Language Teaching, 1*: 1-15.

常晓梅，赵玉珊．(2012)．提高学生跨文化意识的大学英语教学行动研究．外语界，2: 27-34．

樊葳葳，吴卫平，彭仁忠．(2013)．中国大学生跨文化能力自我评价分析．中国外语，中英文版，6: 53-59．

韩晓蕙．(2014)．高校学生跨文化交际能力培养的现状与思考——以高校英语教师为考察维度．外语学刊，3: 106-110．

孔德亮，栾述文．(2012)．大学英语跨文化教学的模式构建——研究现状与理论思考．外语界，2: 17-26．

胡文仲．(2013)．跨文化交际能力在外语教学中如何定位．外语界，6: 2-8．

黄国君，夏纪梅．(2013)．大学英语课堂危机引发的思考及对策研究．外语教学理论与实践，3: 17-20．

黄文红．(2015)．过程性文化教学与跨文化交际能力培养的实证研究．解放军外国语学院学报，38: 51-58．

邵思源，陈坚林．(2011)．一项对高中英语教师跨文化交际敏感度的调查．外语学刊，3: 144-147．

史兴松．(2014)．外语能力与跨文化交际能力社会需求分析．外语界，6: 79-86．

孙有中．(2016)．外语教育与跨文化能力培养．中国外语，13: 16-22．

吴卫平，樊葳葳，彭仁忠．(2013)．中国大学生跨文化能力维度及评价量表分析．外语教学与研究，4: 581-592．

杨玲．(2013)．英语写作教学中影响读者评价因素的跨文化研究．外语教学，34: 66-70．

杨盈，庄恩平．(2007)．构建外语教学跨文化交际能力框架．外语界，4: 13-21．

叶洪．(2012)．后现代批判视域下跨文化外语教学与研究的新理路——澳大利亚国家级课题组对跨文化"第三空间"的探索与启示．外语教学与研究，1: 116-126．

张红玲．(2012)．以跨文化教育为导向的外语教学：历史、现状与未来．外语界，2: 2-7．

庄恩平，萨斯曼．(2014)．跨文化沟通．北京：外语教学与研究出版社．

大学英语课程评估
与跨文化能力培养的实证研究 [①]

廖鸿婧　北京外国语大学
李延菊　美国西卡罗莱纳大学

摘要：跨文化能力培养已成为当前大学英语课程改革的重点之一。为提升跨文化教学效率，为大学英语课程改革提供依据，本研究采用非语言专业英语课程评估数据，运用调查问卷与深度访谈相结合的研究方法，分析探讨了大学英语技能课程中影响跨文化能力水平的重要因素。研究结果表明：学生课堂投入、自主学习能力和教学方法的有效性等课程因素对跨文化能力的总体水平和具体维度有着重要影响，而英语技能的提升程度和课程满意度对跨文化能力没有显著影响；不同学生背景和校园学习环境与跨文化能力水平之间均有显著性差异。研究显示的课程因素与跨文化能力的内在关系，对于系统构建外语教学中的跨文化能力培养方式，优化跨文化教学方法，有着实践指导意义。

关键词：跨文化能力；课程评估；英语教学

1. 研究背景

　　全球一体化、文化多元化的时代，提升跨文化能力成为高校培养创新性人才的重要要求。2015 年《大学英语教学指南》（讨论版）把跨文化能力作为核心内容之一明确提出，意味着培养跨文化交际能力已成为大学英语课程的重要内容，外语教学也逐渐成为高校培养学生跨文化能力的重要平台和途径。然而，当前我国外语教学中跨文化能力的培养仍处于起步和探索阶段，存在着培养方式不成体系，和教学零散、片面的问题（张红玲，2012）。究其原因，主要是跨文化能力培养的核心要素和现行外语教学的课程体系匹配度不高，导致无法系统科学地将跨文化教学理念融入外语教学的各个环节，影响了跨文化能力培养的效果。

　　作为一个新兴的研究领域，外语教学中的跨文化能力研究近年来呈快速升温的趋势。跨文化教学在外语课程中的意义及教学方法，国外已有丰富的理论研究

---

① 本文为北京高等学校教育教学改革立项联合项目《融入跨文化交际能力培养的大学英语教学改革与过程评估研究》（项目编号：2015-LH03）阶段性成果，即将发表于《外语与外语教学》2017 年第 2 期（总 293）期。

成果及相关应用研究（Byram，Gribkova，starkey，2002；Byram，2008；Moeller & Nugent，2014；Davies，Lewis，Anderson，Bernstein，2015），国内外语教学领域的学者在译介国外跨文化研究的基础上，对于外语教学中跨文化能力培养的目标、原则和内涵等也进行了阐述（王鉴，2003；曾煜，2005；张红玲，2012；胡文仲，2013）。然而，对于外语课程中的跨文化教学内容、模式和方法的探讨却相对较少，其中的实证研究更是极为有限（高一虹，2002；常晓梅，赵玉珊，2012；韩晓蕙，2014）。因此，总体上看，虽然跨文化研究相对丰富，也不乏从概念层面探讨大学生跨文化能力培养的影响因素（许力生，2011；胡艳，2011；张卫东，杨莉，2012），但外语教学中的跨文化研究还很欠缺，特别是在实证研究方面还很单薄。目前大多相关研究独立于大学英语课程的各个教学环节，还没有学者将外语教学中的跨文化能力培养与英语课程评估相结合进行研究，现有的文献也没有从外语课程体系的视角，探索影响跨文化能力培养的英语课程相关因素。本研究意在填补这一空白，探索外语教学中的跨文化能力培养在课程体系方面的实践途径，关注跨文化能力本身，测量学生的跨文化能力水平，同时在此基础上，通过将英语课程评估与跨文化教学紧密结合，分析探讨在大学英语技能课程环节中影响跨文化能力的重要因素，为课程体系的调整和教学改革提供理论依据和实证依据。

2. 研究概述

本研究分三个环节：1）对学生总体的跨文化能力水平进行摸底调查；2）结合英语课程评估，分析评估对学生跨文化能力的总体水平有重要影响的英语技能课程因素（课程设置、教学方式方法、学生背景、英语学习投入等）；3）根据跨文化能力理论体系，研究分析与跨文化能力的总体水平相关的课程因素对跨文化能力的个体维度的影响。其中，跨文化理论体系采用的是 Byram（1997）的欧盟模式，包含培养跨文化能力的四个核心要素：跨文化交流方面的知识、技能、态度和批判性跨文化意识。

3. 研究方法

本研究选用了定量与定性相结合的研究设计（Tashakkori & Teddlie，2010），量化量表为主，质性访谈为辅。质性方法主要用于协助分析和解释问卷数据，以期获得比较全面的跨文化能力自我评价的情况，从而增强了研究结果的准确性和可信度。研究样本为北京外国语大学非语言专业 2015 级学生，本研究作为先导研究，选取了其中两个班的 38 名学生作为研究对象。

3.1 问卷调查

问卷调查部分的研究结合了两套问卷：跨文化能力自我评价量表和英语课程评估量表，分别考查学生跨文化能力自我评价水平，以及学生与大学英语课程相关的学习投入和学习效果。学生跨文化能力自我评价量表采用了樊葳葳等（2013）设计的中国大学生跨文化能力自评量表。该量表基于 Byram（1997）跨文化能力的多维度模型，结合中国大学生的实际情况进行调整，并在实证研究中证明具备良好的信度和效度 (吴卫平等，2013；钟华等，2013)。量表包括跨文化知识、态度、技能和意识四个维度、40 个描述项，采用莱克特量表分级计分方法，从"0"到"5"依次代表"全无"、"弱"、"较弱"、"一般"、"较强"和"非常强"。

与跨文化能力自评量表结合使用的是专用英语学院英语课程评估问卷。问卷设计基于美国 NSSE 教育有效性衡量标准的维度框架，参考美国 NSSE 和本土化中国版问卷 (史静寰等，2011；涂冬波等，2013)，做出综合调整，用于综合评价非语言专业学生在英语课程上的学习投入和学习效果。量表通过四个维度对英语课程效果进行评估：课程相关学习投入（学生课堂学习投入和课下自主学习投入）、教学方式方法的有效性评估、英语学习环境（包括学生参与英语相关的社会和校园活动）和学习效果评估（英语技能提升程度和学生满意度）。问卷同时涉及了学生的个人背景信息，包括学号、性别、家庭和教育背景。量表同样采用莱克特"0"到"5"量表分级计分方法。问卷先导研究中，总量表信度克龙巴赫系数 α 达到 0.881，各分量表信度也比较理想，均在 0.8 以上，说明问卷所测数据的一致性和稳定性较好，具有比较高的可信度。

3.2 访谈

质性辅助方法采用半结构式访谈，内容围绕跨文化能力的构成维度，着重了解学生英语课程学习中与跨文化相关的课堂经历和课外跨文化交流活动，访谈策略强调对于学习经历的描述和思考。访谈对象是由问卷样本中选取 4 名具有不同跨文化交流背景（出国经历）、英语语言水平和课堂表现的学生。访谈时间为平均 40 分钟。访谈录音转写文字及访谈内容的准确性均已同访谈对象核实。

3.3 数据收集与分析

本研究在跨文化能力培养融入大一年级英语技能课程（听、说、读、写）日常教学两学期后，向北外国际关系专业两个班共 38 名学生发放电子问卷，共回收问卷 34 份，回收率为 89%，实际有效问卷为 27 份。问卷通过 SPSS22.0 进行统计分析。数据分析的变量由各维度描述项得分取均值，跨文化能力总分由意识、态度、知识和技能四变量取均值。每个变量的内部统一性达到了统计要求，且都呈正态分布。变量名称见表 1。

表 1 变量名称表

学生身份信息变量	跨文化能力量表变量	英语课程评估量表变量
性别	跨文化知识自我评价	英语课堂学习投入自我评价（课堂专注程度、参与、互动程度，根据反馈改进程度）
父母最高受教育程度	跨文化态度自我评价	英语课下自主学习投入自我评价（目标设定、学习进度监控、改进和反思、自主评测、课堂知识技能应用）
高中所在地（城市/非城市）	跨文化技能自我评价	教学方法有效性评价（评价课程目标、内容、组织、考核、对学习和思维方法的训练、启发思考及学习自主性）
	跨文化意识自我评价	英语相关活动参与度自我评价
		英语技能提升程度评价（听说读写技能及社会文化知识的提升程度）
		英语课程满意度评价（对听说读写课程的综合评价及对整体英语学习经历的评价）

研究数据进行的分析包括：1）对跨文化能力变量以及英语课程评估变量进行计算和描述；2）根据变量的分布情况，对跨文化能力变量和课堂学习投入、自主学习投入、教学方法有效性、英语技能提升程度和课程满意度进行相关性检测；3）跨文化能力各维度变量与课堂学习投入、自主学习投入、教学方法有效性、英语技能提升程度和课程满意度进行相关性检测；4）对学生背景描述性变量和因变量跨文化能力进行独立样本 T 检测；5）对自变量英语相关活动参与度和因变量跨文化能力进行独立样本 T 检测。

4. 研究结果和分析

4.1 学生整体跨文化能力水平

通过对样本跨文化能力 4 因素的平均数和标准差进行分析，得到表 2 数据。

表 2　跨文化能力总体水平比较

	均值	标准差
意识	4.09	0.59
态度	3.69	0.53
技能	3.61	0.42
知识	2.83	0.55

从表 2 数据来看，样本学生自评结果显示其跨文化意识水平最高，跨文化态度和技能依次排后，跨文化能力水平最低的是跨文化知识。本次先导研究显示的学生跨文化能力自我评价的总体水平与当前国内高校大样本跨文化能力评测问卷的结果基本一致 (樊葳葳等，2013；高永晨，2016)，呈现跨文化知识欠缺最突出，跨文化意识评价最高的情况。跨文化能力自评结果在很大程度上反映了学生的跨文化能力水平，能够帮助教师了解学生的跨文化水平现状；但是，通过质性访谈和课程评估问卷数据的三角印证发现，学生的自我评价也反映出学生对跨文化能力认知的不足和理解的偏差。例如，跨文化意识在学生自我评价中得分最高，学生普遍认为自己善于观察到文化差异，能够意识到个人会受到文化情景影响而产生特定的行为举止和习惯偏好，但通过访谈中学生对跨文化经历的详细描述，发现学生对文化差异的体察局限在生活习惯、表达方式的不同，而对文化身份、价值观以及文化差异对社会情景造成的影响并没有清晰的意识。同时，学生倾向于将跨文化情景中交流不畅的状况归因于交流者的"素质"，而并没有意识到产生偏见和误解的原因，并及时调整交流策略，促进交流。因此，对学生的跨文化意识和态度的客观评价，以及文化差异的敏感度和批判能力的水平，还需要进一步论证。

4.2 大学英语课程对跨文化能力总体水平的影响因素

大学英语课程与跨文化能力总体水平的相关性研究结果从三个方面分别探讨学生背景、参与英语相关的校园活动，以及英语课程评估对跨文化能力总体水平的影响。

首先，为探索个体差异对跨文化能力的影响，考察不同教育和家庭背景的学生在跨文化能力水平上是否存在显著性差异，笔者对学生背景的描述性变量与因变量大学生跨文化能力进行了一系列独立样本 T 检验。检验结果显示，女生的跨文化能力均值为 3.52，男生的跨文化能力均值为 3.49，两者没有显著性差异（t= - .155, p = .878）。高中教育所在地为城市的学生跨文化能力均值为 3.61，而高中就读于非城市的学生跨文化能力均值为 3.24，均值差异达到了显著水平（t= 2.64，p = .014）。父母双方任何一方最高教育程度在本科以上的学生跨文化能力均值（3.52）与父母双方任何一方最高教育程度在本科以下的学生跨文化能力均值（3.52）不存在显著性差异（t = .013，p = .990）。因此，学生性别和父母受教育程度对跨文化水平并没有重要影响，但学生高中教育所在地却使学生跨文化水平形成显著差异。教师可以通过学生背景因素，根据学生情况决定跨文化教学的策略。具体结果见表 3。

表 3　学生背景的描述性变量与因变量大学生跨文化能力的独立样本 T 检验

	样本数 N	均值 M	标准差 SD	自由度 df	t 值	P 值
性别				25	-.155	.878
男	5	3.49	0.36			
女	22	3.52	0.37			
高中就读所在地				25	2.64	.014*
城市	20	3.61	0.36			
非城市	7	3.24	0.20			
父母受教育程度				25	.013	.990
本科以上	12	3.52	0.36			
本科以下	15	3.52	0.38			

* 为 P<.05

其次，对自变量学生是否曾参与各类与英语相关的活动和因变量跨文化能力的独立样本 T 检验结果请见表 4。检验结果表明，参加过与来自不同国家的人交流或合作的学生跨文化能力均值为 3.75，而从未参与过跨文化交流或合作的学生跨文化能力均值为 3.46，两者存在显著性差异（t= - 2.91, p = .008）；参加过与英语有关（或与主题相关或作为交流语言）的社会实践或调查的学生跨文化能力均值为 4.02，而从未参加过此类社会实践或调查的学生跨文化能力均值为 3.48，均值差异也达到了显著水平（t= - 2.21, p = .036）。除此之外，其余各项活动均不存在显著性差异，如参加过英语作为交流语言的展览、演出或其他社交活动的学生跨文化能力均值为 3.64，而没有参加过此类活动的学生跨文化能力均值为 3.46，两者不存在显著性差异（t= - 1.22，p = .233）。

表 4　学生是否曾参与各类与英语相关的活动和因变量跨文化能力的独立样本 T 检验

	样本数 N	均值 M	标准差 SD	自由度 df	t 值	P 值
参加英语作为交流语言的展览、演出或其他社交活动				25	-1.22	.233
未参加过	18	3.46	0.32			
参加过	9	3.64	0.43			
与来自不同国家的人交流或合作				25	-2.91	.008**
未参加过	17	3.38	0.30			
参加过	10	3.75	0.35			
与英语有关（或与主题相关或作为交流语言）的社会实践或调查				25	-2.21	.036*
未参加过	25	3.48	0.33			
参加过	2	4.02	0.50			
与英语有关（或与主题相关或作为交流语言）的志愿者活动				25	-.684	.500
未参加过	22	3.49	0.33			
参加过	5	3.62	0.52			
与英语相关的社团				25	-1.05	.306
未参加过	25	3.50	0.37			

（待续）

	样本数 N	均值 M	标准差 SD	自由度 df	t 值	P 值
参加过	2	3.77	0.14			
参加标准化英语考试（四六级、托福、雅思等）				25	-.14	.890
未参加过	23	3.51	0.35			
参加过	4	3.54	0.48			

* 为 P<.05，** 为 P<.01

尽管上述英语相关活动对学生外语语言能力和综合素质的提高都有积极影响，但 T 检验显示参与某些英语相关的交流活动，如社会实践活动，相比于另一些英语活动，如培训课程和志愿者活动，在提升跨文化能力方面有更显著的效果，教师和学校可以更具针对性地鼓励和举办此类活动，学生在参与校园和社会活动时也更加有的放矢。

再次，为了解跨文化能力水平与学生英语课程相关的学习投入和课程效果之间的相关性，笔者根据变量的分布状况，通过 SPSS 分别进行了 Pearson product-moment 的相关性分析，结果如表 5 所示。

表 5 跨文化能力水平与学生学习投入和课程效果的相关分析

	相关系数	P 值
学生课堂投入	.456	.017*
自主学习投入	.586	.001**
英语技能提升程度	.400	.039*
教学方法有效性	.604	.001**
课程满意度	.050	.805

* 为 P<.05，** 为 P<.01

测试结果显示学生课堂投入、学生课后自主学习投入、学生英语技能提高程度以及教师教学有效性均与学生跨文化能力存在着显著的正相关。其中教师教学有效性（r = .604，p = .001），及自主学习投入（r= .586，p= .001）与跨文化能力的相关性尤为突出。而学生对课程的满意度与学生跨文化能力不存在着显著性相关联。

问卷中教学有效性包含一般性教学要求，如清晰解释教学目标，及时反馈作业和测试情况，多种方式解释重点、难点，**激发学生学习自主性**等，也包括跨文化教学理论建议的教学方法（Byram，2014），如鼓励学生从多个视角看待和分析问题，指导对文化价值观进行反思，指导学生探索不同文化等。质性访谈数据与量化数据的分析结果趋于一致，有效教学方法在课堂实施频率越高、种类越多、评价效果越好，学生的跨文化能力水平也相对越高。同样，自主学习投入多，自主学习能力强的学生，跨文化水平也相对较高。因此可见，两份问卷数据相结合所显示出的变量相关性不仅证明了跨文化教学理论中跨文化教学方法的有效性（Byram，2014），同时在操作层面提供了有利证据。

4.3 大学英语课程对跨文化能力维度的影响

跨文化能力各因素（态度、意识、知识和技能）分别与英语课程评估各变量的相关性分析结果显示，跨文化能力的不同因素与不同的课程评估变量存在相关。跨文化态度与学生的课堂投入（$r = .456$，$p = .017$）及自主学习投入（$r = .519$，$p = .006$）呈显著的正相关。跨文化知识同样与课堂投入（$r = .458$，$p = .016$）和自主学习投入（$r = .439$，$p = .022$）两个变量显示显著的正相关。教学方法的有效性与跨文化的另外两个因素，跨文化技能（$r = .444$，$p = .020$）和跨文化意识（$r = .456$，$p = .017$）存在着显著的正相关。而学生英语技能的提高程度虽然整体上与跨文化综合能力有显著的相关性，却没有显示与任何跨文化能力的个别因素有显著的相关性。

跨文化能力维度和英语课程学习相关因素的内在联系，对于英语课程中跨文化教学设计也有相应的指导意义。跨文化理论中列举的教学方法，如启发学生批判性文化意识，利用课堂互动和讨论训练学生对文化事件的评价性分析能力，在量化统计分析中被证实与学生跨文化意识的提升有显著的相关，在以提升跨文化意识为目标的英语教学中，教师可以采用和强调此类教学方法。同时，跨文化知识与学生课堂和课下的学习投入存在显著的正向相关，意味着教师在讲授社会文化知识时可着重强调课堂专注度，或通过提供自主学习渠道和资源促进学生跨文化知识的提升。因此，这些研究结果在实际教学中的应用能够更有针对性地通过英语技能课程有效引导和提升学生的跨文化水平，在提升教学质量的同时，使得跨文化能力培养在课堂和课下的教学效率最大化。

5. 结语

本研究基于北外非语言专业英语课程中的跨文化教学，结合跨文化能力水平和英语课程评估问卷，以学生访谈为辅，分析探讨了大学英语技能课程重要环节中影响跨文化能力的因素。研究结果表明，学生课堂投入、自主学习能力和教学方法的有效性等课程因素对跨文化能力的总体水平和具体维度有着重要影响，而英语技能的提升程度和课程满意度对跨文化能力没有显著影响；不同学生背景和校园学习环境与跨文化能力水平之间均有显著性差异。厘清这些内在关系，对于全面系统地构建外语教学中的跨文化能力培养方式，准确有效地提升跨文化教学效率，有着重要意义。细化的跨文化能力维度和英语课程相关因素点对点的分析，也为外语教师实践跨文化能力培养目标找到了落脚点。本文介绍的研究工作属于融入跨文化能力培养课程体系改革研究的先导研究，后续研究将调查并比较研究结果在较大研究样本的适用性，在确认了影响跨文化能力的课程因素后，还需深入量化各因素的影响，并进一步构建英语课程因素对跨文化能力的影响模型。

参考文献

Byram, M. (1997). *Teaching and Assessing Intercultural Communicative Competence* [M]. Clevedon: Multilingual Matters.

Byram, M. (2008). *From Foreign Language Education to Education for Intercultural Citizenship: Essays and Reflections* [M]. Clevedon: Multilingual Matters.

Byram, M. (2014). Twenty-five years on—from cultural studies to intercultural citizenship. *Language, Culture and Curriculum*, 27(3): 209-225.

Byram, M., Gribkova, B. & Starkey, H. (2002). *Developing the Intercultural Dimension in Language Teaching: A Practical Introduction for Teachers*. Strasbourg: Council of Europe.

Davies, S. C., Lewis, A. A., Anderson, A. E., & Bernstein, E. R. (2015). The Development of Intercultural Competency in School Psychology Graduate Students. *School Psychology International, 36*(4): 375-392. doi: 10.1177/0143034315592664

Moeller, A., & Nugent, K. (2014). *Building Intercultural Competence in the Language Classroom*. Paper presented at the Central States Conference, Eau Clarie, WI.

Tashakkori, A., & Teddlie, C. (Eds.). (2010). *Sage Handbook of Mixed Methods in Social & Behavioral Research* (2nd ed.). Thousand Oaks, CA: Sage.

常晓梅，赵玉珊. (2012). 提高学生跨文化意识的大学英语教学行动研究. 外语界，2: 27-34.

高一虹. (2002). 跨文化交际能力的培养："跨越"与"超越". 外语与外语教学，163(10): 27-31.

高永晨．(2016).中国大学生跨文化交际能力现状调查与分析．外语与外语教学，287 (2): 71-78.

樊葳葳，吴卫平，彭仁忠．（2013）．中国大学生跨文化能力自我评价分析．中国外语，10 (6): 53-59.

韩晓蕙．(2014).高校学生跨文化交际能力培养的现状与思考：以高校英语教师为考察维度．外语学刊，3: 106-110.

胡文仲．(2013).文化交际能力在外语教学中如何定位．外语界，6: 2-8.

胡艳．(2011).大学生跨文化交际敏感度调查．外语界，3: 68-73.

史静寰，涂冬波，王纾，吕宗伟，谢梦，赵琳．（2011）．基于学习过程的本科教育学情调查报告 2009.清华大学教育研究，4: 9-23

涂冬波，史静寰，郭芳芳．(2013）．中国大学生学习性投入调查问卷的测量学研究．复旦教育论坛，11 (1): 55-62.

吴卫平，樊葳葳，彭仁忠．(2013).中国大学生跨文化能力维度及评价量表分析．外语教学与研究，45 (4): 581-593.

王鉴．(2003).多元文化教育：西方民族教育的实践及其启示．民族教育研究，6: 5-12.

许力生．(2011).跨文化能力构建再认识．浙江大学学报 (人文社会科学版)，3: 132-139.

张卫东，杨莉．(2012).跨文化交际能力体系的构建——基于外语教育视角和实证研究方法．外语界，149 (2): 8-16.

张红玲．(2012).以跨文化教育为导向的外语教学：历史、现状与未来．外语界，149 (2): 2-7.

曾煜．(2005).美国多元文化教育的启示．云南师范大学学报 (哲学社会科学版)，4: 117-119.

钟华，白谦慧，樊葳葳．(2013).中国大学生跨文化交际能力自测量表构建的先导研究．外语界，3: 47-56.

构建融入跨文化能力培养的大学英语
教学任务设计模式

杨　华

北京外国语大学

摘要： 本文研究如何在大学英语教学过程中，通过设计并执行课堂任务，有机融入跨文化能力培养，实现大学生英语能力和跨文化能力的共同发展。本文以个案的方式，详细描述、分析大学英语课程中融入跨文化能力培养的一个单元的实地教学，呈现跨文化能力培养与英语教学有机结合的具体任务、出现的问题及解决方案，并以此构建适用于大学英语课程融入跨文化能力培养的教学任务设计模式。

关键词： 跨文化能力；大学英语；任务

1. 研究背景

外语教育者认为培养跨文化能力培养需要贯穿整个外语教学过程（胡文仲，2013；孙有中，2016），但是现实的情况往往是跨文化与外语教育脱离（张红玲，2007）。目前，我国大学英语课程体系内，跨文化交际课程层出不穷，技能课也越来越注重跨文化知识的传递，但却鲜有研究英语技能与跨文化技能如何真正融合，互为促进。联合国教科文组织颁布的《跨文化教育指南》（SC Organization 2007）明确指出跨文化教育不是一门独立的、新增加的学校课程，它的理念应该融入学校的教育体制和各门课程的教学，尤其是外语教学在其中发挥着非常重要的作用。有鉴于此，外语课堂作为培养跨文化能力的重要场所（Byram，2014：65-68），践行《大学英语教学指南》跨文化培养目标的一条切实有效途径是将跨文化有机融入大学英语教学，通过设计、实施、检验有针对性的教学任务，实现学生语言能力和跨文化能力的同步发展。

2. 文献回顾

西方国家对于跨文化交际能力的教学研究，主要在真实的跨文化交际场景下，构建跨文化交际的概念框架（Spitzbery & Bhangnon，2009；Kramsch，2011）、发展特征（Deardorff，2009；Risager，2014；Tannen，2015）及培养途径

(Bennett，2009)。Byram（1989；2014）从外语教育角度，提出了广具影响力的"跨文化交际能力模型"，提出跨文化交际能力的四大因素：态度、知识、技能和文化批评意识，并在不同的外语教育语境下开展了教学实践，进一步明确了外语教学过程中，将培养跨文化能力融入外语教学目标、并使其与传统的语言知识目标、语言交际目标形成统一整体。Byram（2009；2015）以"圣诞节卡片"的教学设计为例，详细说明了跨文化能力模型在外语教学中的使用。

国内外语教育领域跨文化能力的研究也取得了丰硕的成果。在跨文化交际教学的理论和思辨研究的基础上（杨盈，庄恩平，2007；孔德亮，栾述文，2012；胡文仲，2013；孙有中，2014），国内学者针对我国跨文化交际能力现状展开了描述性研究（邵思源，陈坚林，2011；吴卫平，樊葳葳，彭仁忠，2013；樊葳葳，吴卫平，彭仁忠，2013；杨玲，2013；韩晓蕙，2014；史兴松，2014等），多采用问卷调查的形式，呈现我国目前跨文化能力及意识的现状及需求。其中的一项重要内容是教学中的跨文化视角（intercultural perspective）（胡文仲，2013：6）。如张义君（2013）基于跨文化交际的专业课程，探索提高学生跨文化交际能力的途径和方法。孙有中（2016）关注大学英语课程体系内将英语教育与跨文化教育相融合，并提出了具体的跨文化交际教学原则和教学方法。黄文红（2015）在英语专业综合英语课上进行过程性跨文化教学实验。学生分成对子，进行对象国选择、形成假设、搜集资料、进行跨文化研究、撰写日志、反思。教学结果显示，与传统的知识性文化教学模式相比，过程性文化教学能够更显著提升情感和行为层面的跨文化交际能力。常晓梅和赵玉珊（2012）基于大学英语综合课程进行了一项提高学生跨文化的行动研究。教学包括四个环节，即"描述文化信息"、"分析案例"、"参与交际活动"和"反思文化差异"。研究结果表明行动研究提高了学生的跨文化交际意识。杨华和李莉文（2017）通过两轮行动研究，提出了"产出型语言文化融合式教学模式"，促进学生语言应用技能和跨文化能力的同步提升。

以上研究成果为进一步开展跨文化融入大学英语的研究和实践提供了丰厚的基础。但已有的实证研究，虽然在外语教学的跨文化活动中"结合课本知识"（黄文红，2015：53）或围绕外语课程单元的主题展开（常晓梅，赵玉珊，2012），但在多大程度上与本门课程的语言技能目标、内容和要求相结合，两者之间有怎样的关系，则未能详述。尤其对于外语课堂中，如何设计具体的教学任务、效果如何，这些问题有待进一步探讨。我们需要研究如何从实操性和实效性层面，实现跨文化教育与外语教育的融合，既不是简单的"文化导入"（黄文红，2015：51），也不是大幅度脱离大学英语原有教学大纲及教材，而是在大学英语教学内容的框架下，将语言教学与跨文化内容严丝合缝地对接。本文通过深度个案研究探索跨文化能力培养与大学英语教学的有机结合模式，以及这个过程中的困难及解决途径。本文研究问题是：融入跨文化能力培养的大学英语教学任务设计模式具有怎样特征？

3. 教学案例分析

3.1 案例介绍

授课班级为某大学二年级商学院学生。英语水平中高级。班级规模34人。所教教材《现代大学英语》（主编杨立民，外研社2012年版）第三册，课文为"A passage in the drink"（《楼道里的祝酒》）。该课文描述了南非种族隔离时期，一个黑人雕塑家的作品意外获奖之后，与一个当地白人青年偶遇，并被邀至白人家中走廊小酌的故事。这篇课文以故事的形式，描绘了当时黑人在种族歧视之下所受的侮辱和非人性的待遇，也表达了当时黑人与白人均力图增进了解，打破歧视，但又无能为力的状态。课文中对于种族歧视的问题，可以分为两个层面理解：一个是对种族歧视的控诉，体现在各种歧视规则、白人黑人之间各种下意识的歧视；另一个层面是两个种族之间想要更加了解对方、促进沟通的渴望和努力。但是在种族歧视长期存在的环境下，双方尽最大努力去理解和接近对方，但却不能取得想要的效果。基于这样的课文内容与主题，我们希望通过融入跨文化的教学任务设计，使学生们在掌握、使用相关的语言知识的同时，发现、对比并分析"种族歧视"的历史、现状及本质。

该班的大学《综合英语》课程，每周6课时。日常教学内容主要集中在对课文理解、阅读技巧、词汇、难句释义等方面。未曾将跨文化作为显性的教学目标。该班教师具有十多年教学经验，尽管在以往课堂上根据教学内容，讨论过跨文化方面的知识，如各国、各地的风情人土等，也进行过无意识的跨文化比较，如中西方在行为、思维上的区别等，但是未有过与跨文化教学相关的经验。本部分呈现的是该班在进行上述单元过程中，设计并实践了融入跨文化能力培养的教学任务。整个单元持续6课时。收集的数据包括本单元教学计划、共300分钟的课堂实地录音（编码为R-）、2次教师课后反思（TR_1、TR_2）、学生单元结束后对整个教学过程的反思34份（$SR_1 \sim SR_{34}$）。

3.2 案例设计和实施

该教学设计在计划和实施阶段，力图体现以下两点原则：（1）融入跨文化能力培养，英语应用能力同步提高；（2）采用任务教学法（Task-Based Language

Teaching，以下简称 TBLT）（Nunan，1989），使学生在独立或合作型的任务中体验融入跨文化教学的过程。

TBLT 作为对传统 PPP 教学模式的替代出现在外语教育领域（覃修桂，齐振海，2004；Edwards & Willis，2009；Skehan，2011）。任务是以意义为核心，接近真实生活的活动。任务的完成具有优先性，任务完成的结果即作为对任务表现的评估（Nunan，1989；罗少茜，2008；Skehan，2011）。任务设计包括教学目标、信息输入、活动方式、师生角色及教学环境（Nunan，1989）。从社会文化理论视角，任务是学习者们共同合作完成的，是促进语言转化和创造语言使用机会的互动性活动（Edwards & Willis，2009；秦丽莉，戴炜栋，2013）。本文将使用 TBLT 任务的理念，设计并实施教学任务，将跨文化能力培养融入日常教学，实现学生跨文化能力和英语应用能力的同步提升。

表 1 呈现了构成整个单元 6 课时教学的 9 个教学事件（Brigitte & Henderson，1995：57-61）。每个教学事件由具体的 TBLT 任务组成。9 个教学事件按照实际课程进程的实际顺序排列。

表 1 单元教学的 9 个教学事件

（带 * 为融入跨文化能力培养的教学事件）（杨华，李莉文，2017）

序号	教学事件	目标类型及跨文化教学原则	说明	课堂时间	课堂形式／参与者
1*	创造学习需求	语言及跨文化目标－发现／跨文化教学原则：探究	讨论现代社会中的歧视现象，引入本单元"种族歧视"主题，引入教学目标。	20 分钟	学生讨论与歧视相关的认识或经历，教师输入相应语言表达
2	理解大意及细节	语言目标	回答 10 个课文阅读理解问题。	60 分钟	学生默读，教师提问，小组讨论，师生问答
3*	难句释义	语言及跨文化目标－发现、分析／跨文化教学原则：探究	从语言形式和深层意义两方面解读 5 个具有重要跨文化含义的句子。	45 分钟	小组讨论、师生互动，教师输入语言、文化背景知识

（待续）

序号	教学事件	目标类型及跨文化教学原则	说明	课堂时间	课堂形式／参与者
4	词汇及语法	语言目标	不涉及跨文化内容。课文中语言点、语法知识。	20分钟	教师提问，学生回答，教师讲授
5*	解读案例	语言及跨文化目标－发现、分析／跨文化教学原则：探究	找出文中显性或隐性歧视例子并解读。	25分钟	组内讨论，轮流发言，师生讨论
6*	陈述事实	跨文化目标－对比／跨文化技能教学原则：探究	题目为：Racial Segregation in South Africa and in the United States	25分钟	小组任务，课外准备，小组代表轮流上讲台报告
7*	扮演角色	跨文化目标－对比／跨文化教学原则：共情、体验	任务为：如果学生是文中的主人公，是否做出同样的选择？	20分钟	学生组内讨论，分别发言，师生讨论
8	练习与语法	语言目标	课后练习及语法知识，不涉及跨文化内容。	50分钟	学生提问，教师有重点讲解
9*	分析反思	跨文化目标－分析／跨文化教学原则：思辨	对五个跨文化相关话题进行解读，并作报告。	30分钟	小组报告。学生当堂写反思。

以上9个教学事件体现了该单元教学的主要过程。其中6个事件围绕融入跨文化能力培养的教学事件，一方面围绕"种族歧视"这个主题进行跨文化的讨论，涉及学生在发现、对比和分析三个层面的学习活动，涉及了对学生在探索（Exploring）、互动（Interacting）、共情（Empathy）、反思（Reflecting）、批判性思维（Critical thinking）方面的培养。同时紧密结合单元教学内容，融合了对学生阅读理解能力、词汇理解与使用能力、篇章分析能力；另外3个则以语言点和语法知识为核心，进行显性语言教学。这三项内容穿插、分散在跨文化教学内

容中间，为学生最后的跨文化输出任务提供语言基础。以下将从教学目标的融合、TBLT任务类型及效果评估三个方面评析。

3.3 案例分析

（一）教学目标的融合

Byram（2014）认为，外语教学中的跨文化交际目标包括：（1）培养跨文化态度，保有好奇心和开放的心态，不对自身文化做出肯定的判断而对其他文化作出否定的判断；（2）获得跨文化知识；（3）培养跨文化技能，即能够结合自身文化对另一文化进行阐释；能够获取文献新知识，并在实际交流中运用；（4）培养文化批评意识：能够依据明确的标准对自身文化及其他文化的观点、行为和产品做出评判。该模型及教学目标体系系统完整地反映了外语跨文化教学中应该包括的范围。但是在我国外语教学的实际情况下，很难将其物化为具体的、分别的教学任务。以"培养跨文化态度"目标为例，在实际教学中，学生开放的心态和对自我文化，他者文化的判断只能在某些具体的讨论中表现出来，从其自我反思中体现出来，需要教师非显性的引导，而非硬性的告知。外语教学中的任务，需要能够体现一定可观察到结果的一系列活动，因此，Byram的一系列目标在实际教学中，需要打碎、融入具体的教学任务中。

孙有中（2016）根植于我国外语教学的本土特征，提出外语跨文化教学的五个原则：思辨、反省、探究、共情和体验。其中包括了熟练的概念化（conceptualizing）、运用（applying）、分析（analyzing）、综合（synthesizing）和评价（evaluating）等一系列具体的跨文化教学要求。与Byram的教学目标相比，这个教学原则体系包括的小原则更具实操性，更有利于一线教师将其匹配于日常的教学任务环节。另外，该原则将各个不同的、具体的小原则置于整体的系统框架之下，便于教师在实际使用过程中分清跨文化教学的不同层面，以及各个层面与总体目标之间的关系。

综合两方面的文献，我们设计了融入跨文化交际的大学英语课堂任务，目标分为三个层次：发现、对比和分析。分别为：发现课文显性或隐性的种族歧视例子（教学事件3，5）；搜索关于南非、美国种族歧视及其现状的事实、例子，并做汇报（教学事件1，6）；对比从个人角度与从他者角度对同一事件的理解和反应（教学事件7）；分析：批判性反思、分析与种族主义相关的议题（教学事件9）。

这三个目标体现了梯度性和层次性。首先，任务目标从"发现"到"对比"再到"批判性分析"，是一个从基本的、事实性的要求，逐步提高到要求学生形成自己的观点和论断，在不断反思中重新认识的过程。三个目标由前到后，逐步铺垫。对于"种族歧视"各种显性和隐性事实的发现为学生进一步进行跨时空的对比奠定了基础。而"发现"、"对比"两个目标的实现，为最后的"批判性分析"做铺垫，使学生对"种族歧视"现象从具体的实例和个人感受，上升到抽象概念层次，引发学生进一步思考歧视的本质和根源，以及相应的应对措施。

我国的英语教育环境下，语言的显性教学是必要的（覃修桂，齐振海，2004）。虽然以上三个层次的跨文化能力培养目标紧密结合课文的内容理解和语言理解，同时力图促使学生在进行任务的过程中使用课文中新学的语言表达，但是课文中的语言点和语法知识，仍旧是大学英语教学最为重要的目标之一。图1显示了跨文化能力培养目标与语言教学目标的融合。

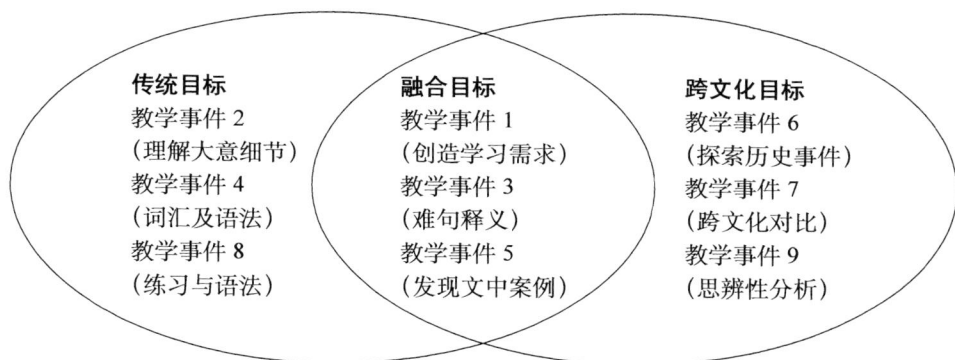

图 1　本案例跨文化能力培养目标与语言教学目标的融合

传统目标指的是在日常大学英语教学过程中，最为经常践行的语言学习目标。融合目标指的是在任务进行过程中，内容的讨论与语言的显性教学相结合，把相关的语言输入和内容理解融合到跨文化教学任务中。跨文化目标则主要强调意义的分享与协商，不对语言形式做硬性要求。图1说明整个单元的教学目标，既覆盖了显性的语言教学和显性的跨文化教育目标，同时兼顾语言形式与意义的结合。语言知识与跨文化内容之间相互支撑，互为"给养"（affordance）（van Lier，1996），实现两者在教学目标层面上的融合。

（二）教学任务类型

在社会文化理论视角下，TBLT任务为学生的外语发展起到了中介作用，促使学习者在共同建构的社会互动中充分参与，实现其在最近发展区内的发展（Vygotsky，1986）。这种发展体现为学习者在从事任务的过程中，在教师及同伴的支架作用下，从边缘参与者到核心参与者的转变（Young，2004）。TBLT任务作为学生发展的中介，其类型不同，起到的中介调节作用不同；相应地，学生的参与程度也不同。任务可根据其真实性、话题、信息流动方式等分为不同类型（Edwards & Willis，2009：19）。Long（1989）根据任务结果具有封闭性还是开放性，将任务分为发散型（divergent）和聚合型（convergent）两类。聚合型的任务中介，如教学事件 4，8，具有明确、唯一的标准参照，学生的参与主要是被动接受和吸收；发散型的任务中介，如教学事件 7，9，其任务结果是开放的、发散的，无需参照任何确定的标准，学生的参与模式是分享、质疑和协商。图 2 显示了本教学案例中，任务类型的分布情况。

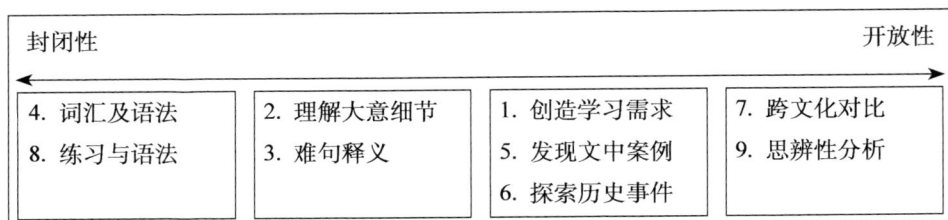

封闭性			开放性
4. 词汇及语法 8. 练习与语法	2. 理解大意细节 3. 难句释义	1. 创造学习需求 5. 发现文中案例 6. 探索历史事件	7. 跨文化对比 9. 思辨性分析

图 2　融入跨文化能力培养的大学英语教学任务类型

图 2 显示，本单元的各项任务均处于封闭——开放连续统上的一点。显性语言教学任务具有封闭性的任务结果，学生被动接受，实际课堂参与度较低；随着任务内容逐渐超越教材内容，任务结果的开放性增强，学生的参与程度相应增加。如在教学事件 4、8 中，学生虽然会提出语言知识问题，但是对于教师给予的反馈，均为被动接受的模式；而教学事件 2、3 中，学生能够在课文内容框架下，主动思考，提出自己的观点和见解；在教学事件 1、5、6 中，学生从事任务的自由度进一步放开，更加深入地利用更多资源，如网络资源、个人需求及动机、个人经验等。教学事件 7、9 则超越课文框架，涉及学生进行自我反思、移情和价值判断，这个过程，学生们有团队讨论、协商，独立思考、观点认同或冲突的过程。以上过程说明，学生在从封闭性任务向开放性任务的过渡中，逐步实现从边缘参与者到核心参与者，更多、更好地使用学习资源，参与程度逐步增加。

近年来，开放性、互动性的教学任务受到不断推崇。Byram（2014）也指出跨文化交际能力集中体现在人际关系的建立和保持，而不只是信息的交流或交换。而学习本身就是建构世界、结交朋友、形成自我的对话性实践（佐藤学，2004）。从这个角度讲，融入跨文化能力的大学英语教学任务应充分体现其开放性、发散型的特点；但是作为外语环境的英语教学，无论从语言环境、师资力量等方面均无法做到全面放开（覃修桂，齐振海，2004）。相反，对于语言形式的关注也正日渐成为 TBLT 任务的主要方面（Skehan，2011）。因此，融入跨文化能力的大学英语教学任务类型应体现对语言形式和意义的同时关注。

（三）效果评估

融入跨文化教学的 TBLT 任务的效果评估，主要看其教学有效性。我们对课堂有效性的认识，经历了从效果、效益、效率（姚利民，2004）的量化概念到学生在学业、情感等方面的发展（余文森，2006）。国内外学者根据不同的课堂学习情境，提出了有效教学的特征与内涵（如 Chickering & Gamson，1987；孙亚玲，2004；朱彦，2013 等），其共性是凸显了"教学目标"和"学生进步"作为评价有效性的重要概念。教学目标在现代外语课堂，并非是一成不变、贯彻始终的构念，是可以在教学互动过程中不断被修改、放弃或临时生成（赵正新，2011），以创设可贵的、非预设的"教学时刻"（Erickson，1982）。因此，从预设目标和生成目标两个维度考察学生的进步。对于学生进步，一方面通过课堂中的参与程度，一方面通过教师和学生反思间接获得。表 2 记录了本单元教学各项目标的实现情况。

表 2　课堂教学中各个目标的实现情况

教学目标		教师反思	学生反思
传统目标	教学事件 2（理解大意细节）	对课文细节的讨论涉及到跨文化内容，学生在这个阶段多是基于文字信息的理解，未能深入发掘其跨文化内涵（TR）	S: The woman was a mate. She's bowing and smiling, could be a polite friend. (R-2-13:20) 学生对文中人物身份不确定
	教学事件 4（词汇及语法）	学生参与度较低（TR）	Learn some new words to express discrimination. (SR-6)
	教学事件 8（练习与语法）	学生参与度较低（TR）	——————

（待续）

（续表）

教学目标		教师反思	学生反思
融合目标	教学事件1（创造学习需求）	学生在讨论过程中对性别歧视表现出兴趣，由此讨论"歧视"产生的根源，教师鼓励学生思考种族歧视是否与性别歧视有异同之处（R-1-4:39）。	
	教学事件3（难句释义）		(We didn't) combine the language using part with the learning of words and expressions. (SR-19)
	教学事件5（发现文中案例）	学生对文中非显性的种族歧视方面感兴趣。对某些方面的解读体现了个人经历所起的作用（TR）。	对于文中白人和黑人并没有完全"并肩走路"，学生的解读一方面是白人的种族歧视，一方面是白人想要保护黑人。
跨文化目标	教学事件6（探索历史事件）	学生能够通过单独或合作的方式正确呈现历史事实，但是较为缺少对历史事实背景与当前课文话题的关联（TR）。	学生较为全面地介绍了曼德拉的生平（R-2-1:23），但是对于他"非暴力抵抗"的思想未能重点介绍，这一点是与本文最为相关的内容。
	探索现实情况（生成目标）	学生对当代的现实问题感兴趣（TR）。	We can introduce more current situation. (SR-7)
	教学事件7（跨文化对比）	学生的选择反映了经历不同对理解事件的影响。这个活动使学生们意识到所处环境不同，对同一事物的理解和采取的行动都会不同；能够站在别人的角度理解事物是跨文化能力的重要方面（TR）。	给出了与原文主人公完全不同的选择：黑人青年不会接受邀请；白人青年也不会发出邀请（课堂录音转写R-3-1:36）。So the most important thing is to jump out of our mind and observe things from other persons' experience. (SR-7).

（待续）

（续表）

教学目标		教师反思	学生反思
跨文化目标	教学事件9（思辨性分析）	学生们以汇报主题为核心，表达了对种族歧视根源、表现、及历史事实的评判；以及自我反省（R-5-1:05）。	歧视现象广泛地隐性存在（SR-7） 我们要增强意识，尽力避免（SR-8）
		高校对不同民族学生不同政策的思考	Many people protest against giving minor ethnic groups extra points in Gaokao. (SR-1)
		对自身存在的种族歧视的剖析	I assured my Mom I will never get an African boyfriend. Now I realize I was so biased. (SR-8)
		对某些跨文化话题的讨论，学生需要最后得到权威的解读。	Better to add more famous or professional persons' opinion of discrimination. (SR-6) It is better for teacher to give final answer. (SR-2)

上表说明，本次教学过程完成的预期目标包括：学生对身边及自身存在的种族歧视问题的思考、对南非种族歧视历史知识的了解，能够从他人视角理解种族歧视现象，能够从小组合作和独立思考中探索课文深层文化含义；而未能达成的预期目标是：仍然习惯从个人角度解读对方文化，未能将语言知识与跨文化话题有机结合。除此以外，教学过程产生了一系列的生成目标，学生达成的有：意识到歧视无所不在，我们应该增强意识，尽力避免；但同时学生也提出要求对跨文化现象的"权威"解读，说明学生在该方面基本认识及主体性需进一步加强。

4. 融入跨文化能力培养的大学英语教学任务模式构建

通过对融入跨文化能力培养的大学英语一个单元教学案例的分析，可以发现，把跨文化能力培养融入日常大学英语教学，其任务设计一方面依托教学目标系统；一方面需要具有实操性的评估过程。图3显示了基于本教学案例、融入跨文化交际的大学英语课堂教学任务设计的模式。该模式包括三部分：目标部分、

TBLT 任务部分和评估部分。目标部分指导任务设计，评估部分反馈任务设计。在目标部分，"跨文化教学显性目标"中发现、对比、分析三方面，可以结合不同教学内容，形成具有实操性、有具体任务结果的教学任务。以此为抓手，实现外语学习目标和跨文化教学隐性目标。跨文化教学显性目标的实现过程可以提供有利的外语学习环境。但是同时也需要相关语言支架、丰富的语言使用机会，并且设定语言使用规则，如规定学生在语言输出过程中至少使用 50% 提供的语言表达或语法手段。这一点对于已经具有一定英语基础知识的中高级学习者尤其重要。他们已经完全可以依赖已有的语言知识，几近完整的表达任何想要表达的内容，如果没有语言质量方面的要求，学生很少会有意识地、完全出于语言质量目的而去尝试新学的语言表达。

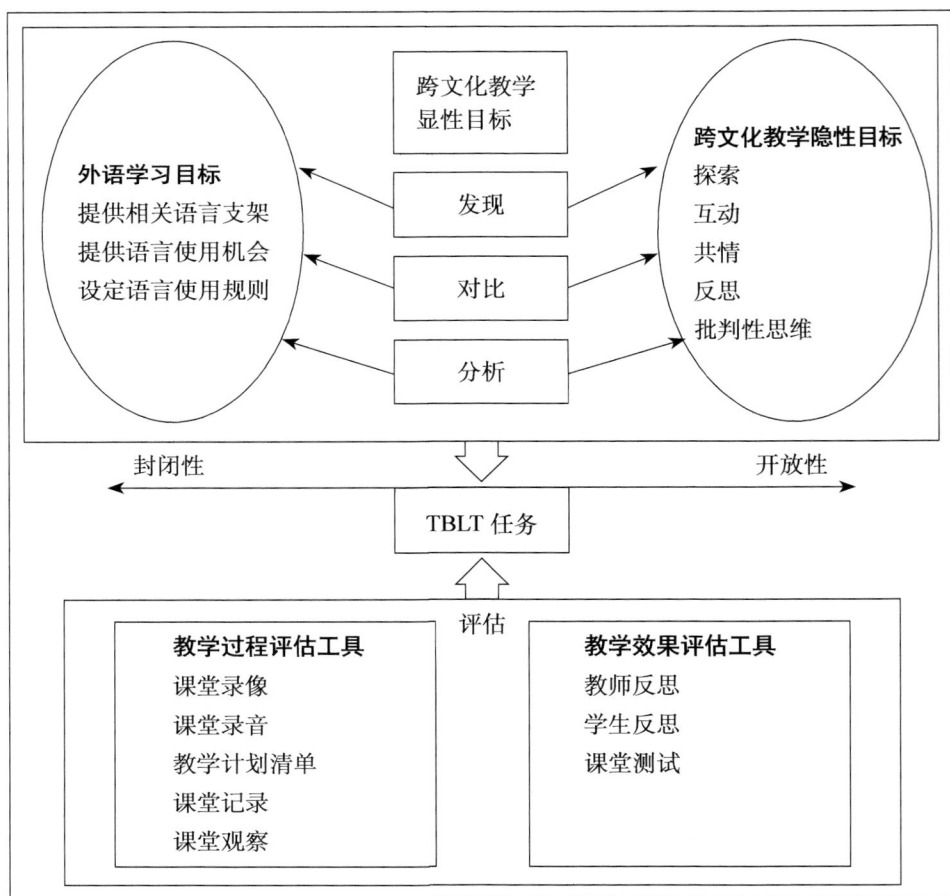

图 3 融入跨文化能力培养的大学英语教学任务设计模式

跨文化教学的显性目标也是实现跨文化教学隐性目标的有力抓手。如上文所述，对于探索、互动、共情、反思、批判性思维这些跨文化能力的维度，很难能够使用具体的 TBLT 任务得以直观实现。但是这些隐性目标可以通过学生对于跨文化话题的发现、对比和分析的过程中渐进实现。很多情况下，这是在师生、生生互动过程中临时生成的目标，是教师在教学进行过程中善于创造并发现的"教学时刻"。这个过程，教师作为学习共同体的一员，是个人观点和思想的贡献者，不是提供"正确答案"的权威，而是尽量将讨论的话题变得开放、包容，吸收更多的想法和观点。

TBLT 任务是实现融入跨文化教学的主体，其开放性的程度很大程度上决定了学生参与的程度；但是考虑到我国外语教育的特点和现状，封闭性任务也是必要的。因此，对于一线教师而言，需要思考在目标指导下，如何达到封闭性与开放性的结合。

为 TBLT 任务提供反馈，需要进行必要的课堂评估。评估教学效果的一个重要途径是看手段与目标之间的关系（余文森，2006）。为此，教师需要在教学过程中从"过程"和"结果"两方面收集教学信息，并以此评价教学目标与手段之间的关联程度。

5. 结论

培养世界公民是现代外语教育的重要目标（Risager，2014）。跨文化融入大学英语教学，一方面能够为充满危机的传统大学英语课堂（黄国君，夏纪梅，2013）注入活力，实现外语教学的人文性目标；另一方面，外语教学为大学生的跨文化能力培养提供主观认识和亲身体验的环境，其学科属性使其成为实施跨文化教育最有效的阵地（张红玲，2012）。

本文尝试在现有大型英语教学的框架下，融入跨文化教学，提出相应的教学任务设计模式。该模式的主要目的是为一线教师提供可以参考的融入跨文化的大学英语教学路线，体现其主要过程和步骤。但是如何能够在实际课堂中，创造本族语言文化和外来语言文化之间的"第三空间"（叶洪，2012），使学习者真正实现在不同文化之间的平等对话，并非是一节课堂、一门课程能够完成的。本教学案例通过真实展现整个教学过程，为进一步探索、提高融入跨文化的大学英语教学研究和实践提供新的思路。

参考文献

Bennett, J. (2009). Cultivating Intercultural Competence: A Process Perspective. In Darla K. Deardorff (Ed.), *The Sage Handbook of Intercultural Competence* (pp121-140). Thousand Oaks, California: Sage.

Brigitte, J. & Henderson, A. (1995). Interaction Analysis: Foundations and Practice. *Journal of the Learning Sciences*, 4: 39-103.

Byram, M. (1989). *Cultural Studies in Foreign Language Education*. Clevedon, UK: Multilingual Matters.

Byram, M. (2009). Intercultural Competence in Foreign Languages: the Intercultural Speaker and the Pedagogy of Foreign Language Education. In Darla K. Deardorff (Ed.), *The Sage Handbook of Intercultural Competence* (pp321-332). Thousand Oaks, California: Sage.

Byram, M. (2014). *Teaching and Assessing Intercultural Communicative Competence*. Shanghai: Shanghai Foreign Language Education Press.

Chickering, A. W., & Gamson, Z. F. (1987). Seven Principles for Good Practice in Undergraduate Education. *Aahe Bulletin, 48*: 140-141.

Edwards, Corony and Jane Willis. (2009). *Teachers Exploring Tasks in English Language Teaching*. Beijing: Higher Education Press.

Erickson, F. (1982). Classroom Discourse as Improvisation: Relationships Between Academic Task Structure and Social Participation Structure in Lessons. In L. C. Wilkinson (Ed.), *Communicating in the Classroom* (pp153-181). New York, NY: Academic Press.

Kramsch, C. (2011). The Symbolic Dimensions of the Intercultural. *Language Teaching, 44:* 354-367.

Long, M. (1989). Task, Group, and Task-group Interaction. *University of Hawaii working papers in English as a second language. 8:* 1-26.

Nunan, D. (1989). *Designing Tasks For The Communicative Classroom*. New York: Cambridge University Press.

Risager, Karen (2014), *Language and Culture Pedagogy: From a National to a Transnational Paradigm*. Shanghai: Shanghai Foreign Language Education Press.

SC Organization, (2007). UNESCO Guidelines on Intercultural Education. *United Nations Educational Scientific & Cultural Organization*, 43.

Skehan, P. (2011). *Researching Tasks: Performance, Assessment and Pedagogy*. Shanghai: Shanghai Foreign Language Education Press.

Spitzbery, B. H. and Changnon, G. (2009). Conceptualizing Intercultural Competence. In Darla K. Deardorff (ed.), *The Sage Handbook of Intercultural Competence* (pp2-52). Thousand Oaks, California: Sage.

Vygotsky, L. S. (1986). *Thought and Language*. Cambridge, MA: MIT press.

Van Lier, L. (1996). *Interaction in the Language Curriculum: Awareness, Autonomy and Authenticity*. London: Longman.

Young, R. F., & Miller, E. R. (2004). Learning as Changing Participation: Discourse Roles in ESL Writing Conferences. *Modern Language Journal*, 88: 519-535.

常晓梅，赵玉珊．(2012). 提高学生跨文化意识的大学英语教学行动研究．外语界，2: 27-34.

樊葳葳，吴卫平，彭仁忠．(2013). 中国大学生跨文化能力自我评价分析．中国外语，中英文版，6: 53-59.

韩晓蕙．(2014). 高校学生跨文化交际能力培养的现状与思考——以高校英语教师为考察维度．外语学刊，3: 106-110.

胡文仲．(2013). 跨文化交际能力在外语教学中如何定位．外语界，6: 2-8.

黄国君，夏纪梅．(2013). 大学英语课堂危机引发的思考及对策研究．外语教学理论与实践，3: 17-20.

黄文红．(2015). 过程性文化教学与跨文化交际能力培养的实证研究．解放军外国语学院学报，38: 51-58.

罗少茜．(2008). 英语教学中的任务设计．课程．教材．教法，3: 48-53.

秦丽莉，戴炜栋．(2013). 二语习得社会文化理论框架下的"生态和"任务型语言教学研究．外语与外语教学，268: 42-46.

覃修桂，齐振海．(2004). 任务及任务教学法的再认识．外语教学，25: 69-74.

邵思源，陈坚林．(2011). 一项对高中英语教师跨文化交际敏感度的调查．外语学刊，3: 144-147.

史兴松．(2014). 外语能力与跨文化交际能力社会需求分析．外语界，6: 79-86.

孙亚玲．(2004). 课堂教学有效性标准研究．博士学位论文．华东师范大学．

孙有中．(2014). 文化视野，中国外语，3: 78.

孙有中．(2016). 外语教育与跨文化能力培养．中国外语，13: 16-22.

吴卫平，樊葳葳，彭仁忠．(2013). 中国大学生跨文化能力维度及评价量表分析．外语教学与研究，4: 581-592.

杨华，李莉文．(2017). 融合跨文化能力与大学英语教学的行动研究．外语与外语教学，2: 9-17.

杨玲．(2013)．英语写作教学中影响读者评价因素的跨文化研究．外语教学，**34: 66-70**.

杨盈，庄恩平．(2007)．构建外语教学跨文化交际能力框架．外语界，**4: 13-21**.

姚利民．(2004)．有效教学涵义初探．现代大学教育，**5: 10-13**.

余文森．(2006)．课堂教学有效性的探索．教育评论，**6: 46-48**.

张义君．(2013)．跨文化交际课程中多元识读教学模型的建构与实践．外语界，**1: 20-27**.

朱彦．(2013)．提高外语课堂教学有效性的关键因素——兼析第三届"外教社杯"全国高校外语教学大赛的优秀教学个案．外语界，**2: 50-58**.

庄恩平，萨斯曼．(2014)．跨文化沟通．北京：外语教学与研究出版社．

浅谈翻译教学中跨文化交际能力培养的途径

彭 萍

北京外国语大学

摘要：跨文化交际能力日益成为 21 世纪人才非常重要也是非常必需的一种能力，尤其是在经济实力日益强劲、综合国力日益增强的中国。跨文化交际能力的重要性对外语教学提出了相应的教学要求，翻译涉及到外语和母语，毫无疑问会处处体现两种语言的文化特征，因此，通过翻译教学培养学生的跨文化交际能力能够起到事半功倍的效果，应该引起足够的重视，其主要途径包括：中西思维对比、文化的语言表现形式对比、译前查阅相关背景资料和译后反思、"回译"操练和人文通识教育。

关键词：翻译教学；跨文化交际能力；途径

引言

文化是人类物质生活和精神生活的总和，既包括已经形成和沉淀的物质财富和精神财富，又包括正在积累的物质财富和精神财富，因此，文化具有历史沉淀性和流动变化性。不同民族、不同群体在不同时期积累的文化不尽相同，某一民族和某一群体的文化特征往往通过个体得以体现，即每位个体的言谈、举止都会表现出某一民族和某一群体的文化特征。不同文化的个体相互交往时，相互理解彼此的文化显得举足轻重，如果交流不当，势必引起文化的冲突，会影响双方进一步的交往，由此可见跨文化意识和跨文化交际能力的重要性。

跨文化意识是指人们对影响到思维和行为的母语文化和外语文化两种模式异同的理解（Samovar 等，2000，p.263）。所谓跨文化交际能力，是指在两种文化之间交流的能力。跨文化交际能力具有综合性和多向度性，考察一个人的跨文化交际能力，不仅仅要考察其跨文化知识，还应考察其思维、行为、情感、个性等。

跨文化交际能力的重要性对外语教学提出了更高的要求。我国早在 2000 年颁布的《高等学校英语专业英语教学大纲》（以下简称《英语大纲》）就对外语教学中跨文化交际能力的培养做出了如下规定："在专业课程的教学中要注意培养学生对文化差异的敏感性、宽容性以及处理文化差异的灵活性。"（高等学校外语专业教学指导委员会英语组，2000）提高学生的跨文化交际能力，体现在外语教学的各门课程和各个环节中，非某一门课或某一环节能一蹴而就。翻译涉及到外语和母语，毫无疑问会处处体现两种语言的文化特征，因此，通过翻译教学培养学生的跨文化交际能力能够起到事半功倍的效果，应该引起足够的重视，其主要有以下五种途径。

1. 通过中西思维对比培养学生的跨文化交际能力

思维与文化有密切的关联，一个民族的思维模式"表现在这个民族的物质文化、制度文化、行为文化、精神文化和交际文化等，尤其体现于哲学、语言、科技、美学、文学、艺术、医学、宗教以及政治、经济、法律、教育、外交、军事、生产和日常生活实践之中。"（连淑能，2000，p.40）由此可见，思维堪称民族文化心理特征的集中体现。

毋庸置疑，中西思维存在一定的差异。王国维先生曾指出："我国人之特点，实际的也，通俗的也，西方人之特质，思辨的也，科学的也，长于抽象而精于分类。"（乐黛云，1988，p.59）概括地说，中国人重形象思维，西方人重抽象思维；中国人重具体，西方人重逻辑；中国人看待问题带有经验性，而西方人看待问题重在系统性；中国的思维是玄学和直观型；西方思维是科学和分析型。思维又和语言有着密切的联系。西方语言学家萨丕尔、洪堡特等人认为语言规定着人的思维。反过来，语言又是思维的反映。中国的文字是直观型的象形文字，极具艺术性；而西方的文字由字母组合而成，所以抽象性比汉字强。而且，汉语的句法结构相对固定，无屈折变化，属意合语言（parataxis）；而西方语言有性、数、格、时态、语态变化，属形合语言（hypotaxis）。这样造成的思维效应就是中国人思维更趋向于直观综合，一语中的；西方人更倾向于比类条分，词达理清。（辜正坤，2000，p.55）

文字影响思维方式，思维方式又影响文化的发展特征。不少哲学家对此也都有自己的论断，例如，黑格尔在《逻辑学》中就声称，思维形式首先表现和记载在人们的语言里，费尔巴哈认为思维与语言不可分割，杜威则认为思维离开语言就不能存在。中国思想家很多时候会认为人或事物的最高境界无法用语言表达，例如，老子认为"道可道，非常道；名可名，非常名。"庄子曰："可以言论者，物之粗也；可以意致者，物之精也。"《周易·系辞》中有"书不尽言，言不尽意。""不能言说"就是因为中国人的思维过于形象。

思维与语言的关系说明，翻译过程中思维方式的转换必不可少。连淑能指出："思维方式的差异，正是造成语言差异的一个重要原因。……翻译的过程，不仅是语言形式的转换，而且是思维方式的变换。要研究语言的特征及其转换，要研究语言与文化的关系，必须深入研究与语言和文化均有密切关系的思维方式。"（2002，p.40）因此，在翻译教学中有意识地通过翻译实践让学生了解中西思维的差异，通过语言转换来变换自己的思维方式，有助于增强他们对外语使用者思维模式的认识，提高他们的跨文化交际能力。请看下面的例子：

例1：
寒冷或阴雨绵绵的日子，亲朋好友在"瑞珍厚"围坐一桌，吃时的热闹、气派，味道的鲜嫩、绝妙，食后的酣畅、淋漓，令人心驰神往，流连忘返。
On cold or rainy days, it is a memorable experience for relatives or friends to savour the atmosphere and the wonderful dishes and thus to eat to their heart's content at the Ruizhenhou Restaurant.

原文取自一份饭店的宣传材料，用词非常符合中国人的思维习惯，既让人感到亲切又不失意境，其中"阴雨绵绵"、"绝妙"、"酣畅"、"淋漓"、"心驰神往"、"流连忘返"可谓虚实相生，充满美感，同时还采用了排比的修辞手法，将"亲朋好友"在该饭店用餐的氛围和感受描写得生动、温馨，极具说服力，但是像"绵绵"、"酣畅"、"淋漓"这样的字眼表达了一种"虚"的意境，不符合英语读者的思维模式，在英文中找不到恰当的对等语，所以在翻译中省去。很多时候，英译中则正好相反，请看下面的例子：

例2：
The Grand Tour leads from shimmering blue lakes to classic pre-Alpine landscapes that are like something out of a fairytale, with charming traditions, culinary specialities and enchanting surprises.
环游之路从波光粼粼的蔚蓝色湖泊延伸至经典的阿尔卑斯山麓景区，一切都仿佛来自仙境，除了美景，还能感受迷人的传统，品尝特色美食，发现令人难忘的惊喜。

这个例子中，原文为了实现宣传的目的，使用了 shimmering、fairytale、charming、enchanting 等词汇，但仔细研读译文，会发现其中的下划线部分都是增译，就是为了迎合中国人艺术和直观的思维模式，其中"粼粼"就是一个比较虚的词，"感受"、"品尝"和"发现"分别搭配不同的名词，显得直观。另外，"除了美景"也是为了让句子看上去更直观、迎合中国读者的思维模式添加上去的。

翻译教学中，通过更多如以上两个句子的翻译练习或者表现中西方不同思维模式的篇章翻译练习，加深学生对中西思维模式差异的认识，引导他们通过认识思维模式的不同而认识两种语言背后文化的差异，从而提高他们的跨文化交际能力。

2. 通过文化的语言表现形式对比培养学生的跨文化交际能力

语言和文化有着密切的联系，正如萨丕尔所说，语言究其本质是文化的。王佐良曾经指出："不了解语言当中的社会文化，谁也无法真正掌握语言。"（1984，p.2）很多时候，文化通过语言表现出来，尤其是通过语言的词汇表现出来。换言之，文化的渊源不同，词语承载的文化涵义也必然有所不同，语言交际模式和习语是社会文化观念和交际习惯的重要体现。毕竟，语言是用来交流的，而人们交流的正是他们的知识、情感和文化，所以语言真正承载的就是这种语言的使用者在长期的实践过程中积累的文化信息。但是，由于不同民族所处的地理环境不同，历史沿革不同，思维习惯不同，也就形成了不同的文化价值体系，从而在其语言中形成了不同的表达方式。

文化问题是翻译中必然遇到的问题。一种语言中的纯语言障碍可以比较容易地在另一种语言中得到克服，但文化上的差异及其在语言上的反映所带来的困难比较难以克服。包惠南认为，文化的差异给翻译带来的困难表现在五个方面，即词汇空缺、词义冲突、语义联想、语用涵义、民族心理差异。（2001，pp.13–22）这就说明，要想真正传达原文的信息，译者不仅要精通两种语言，更要精通两种语言背后的文化，也正如刘宓庆指出："译者必须努力学习，不仅是在语言上下工夫，还必须在文化上下工夫，以提高文化意识。提高文化意识是提高文化信息感应力的前提，也可以是一种驱动力。"（1999，p.71）

例如，比喻花钱浪费时，英语会使用 spend money like water，汉语则用"挥金如土"，显示出英国作为海洋国家的"水"文化和中国作为大陆国家的"土"文化对两种语言的影响。汉文化中"东风"即"春风"，所以有"洛阳东风几时来，川波岸柳春全回"（韩愈）、"等闲识得东风面，万紫千红总是春"（朱熹）等诗句，"西风"则指来自西部的寒风，所以才有了"古道西风瘦马。夕阳西下，断肠人在天涯"和"莫道不销魂，帘卷西风，人比黄花瘦"的词句，所以将汉语中的"西风"译成英语的 west wind 时，最好添加注释，说明该 west wind 与英语本来的 west wind 不同，而是来自西伯利亚的寒风。而在英国，西风则是来自大西洋温暖的气流，英国诗人雪莱的 *Ode to the West Wind*（《西风颂》）正是对春的讴歌和赞颂。同样道理，中文的"上帝"一词与英文的 God 之间并不能划等号，因为"上帝"一词在中文里早已有之：《诗经·周颂》有"执兢武王，无竞维烈，不显成康，上帝是皇"，《诗经·鲁颂》中有"上帝是依，无灾无害"，《中庸》中有"郊社之礼，所以事上帝也"，《礼记》中有"王者备当，上帝其飨"等。利玛窦到达中国之后，发现当时中国人信奉的儒学中"天"是一个很重要的概念，便将 God 意译为"天主"，但这一词并没有引起中国人的热情，于是利玛窦只好着手寻找一个更符合中国人习惯的概念来取代"天主"。在阅读中国先秦古籍中，他发现书中多次出现"上帝"一词，于是又用"上帝"代替了"天主"。英汉两种语言中还有大量由历史典故形成的习语，如汉语中"东施效颦"（blind imitation）和"名落孙山"（fail in an examination or competition）和英语中的 Achilles' heel（唯一的致命弱点）和 meet one's Waterloo（一败涂地）等。另外，英汉语对动植物、季节、颜色和部分名词的联想意义往往有较大差异。如在中国，蝙蝠是吉祥之物，因"蝠"与"福"同音，而 bat 在西方却是可怕的吸血鬼的象征；汉语中喜鹊叫枝头是喜兆，而英语中 magpie 却指"嘴碎之人"；汉语中鸳鸯象征爱情，可 mandarin duck 在英语中没有任何联想意义。不同的文化中同一个名词的概念和感情色彩也不尽相同。例如，英语中的 peasant 与汉语中的"农民"所体现的意义并不完全相同，英语中的 peasant 是贬义。

因此，不同文化在语言上的表现在翻译过程中要根据目的语文化进行处理，翻译教师在教学的过程中可以穿插中英文化对比的讲解。通过对比，让学生更加深刻地认识到两种语言背后的文化差异以及由此产生的语言形式的差异。同时，还要鼓励学生课下多积累，不仅要积累英语中文化语言符号意义，还要多了解中国的传统文化以及与文化有关的表达方式。通过积累和理解，在翻译中就会少犯错误，避免发生文化传达错误的现象。这样，久而久之，学生的跨文化翻译能力就会不断增强，跨文化交际能力就会得到提高。

3. 通过译前查阅相关背景资料和译后反思培养学生的跨文化交际能力

从微观角度讲，翻译是一种语言的转换，但是长期以来，翻译被误认为仅仅是从一种语言转换为另一种语言的行为，或者就是一种词对词的转换活动。另外，很多翻译研究者和翻译工作者都认为翻译的过程包括理解、表达和校对三个阶段。这两种观点中，第一个观点实际上是一种误区，第二个观点也并不全面。事实上，翻译并非简单的转换活动，应该是由译前准备、转换活动和译文校验三个阶段组成的一项复杂活动。翻译工作者和学生往往忽略第一个阶段，拿到一篇需要翻译的文字，径直从第二个阶段开始，立刻开始语言的转换工作。

译前准备阶段首先包括背景知识的查阅。译者拿到需翻译的文本后，应该对其中的文体和内容有一定的了解，之后需清楚要译好该篇材料应该了解哪些背景知识，进而通过图书或网络进行查阅。这种译前了解当然越详细越好，因为有些信息对后来语言转换活动可能会产生直接的影响。除背景知识外，译者还需了解该篇材料的译文所指向的读者，了解译者的文化和预期，从而在转换的过程中把握翻译策略。由此可见，内容背景资料的阅读和了解堪称一个不可忽视的方面。比如，翻译下面一段英文，就应该让学生熟悉 *To Kill a Mockingbird*（《杀死一只知更鸟》）的作者和内容，从而熟悉书中的主人公，也了解后文提到的 Alabama（阿拉巴马州）是小说的发生地，了解 the Great Depression of the 1930s 指 20 世纪三十年代的经济大萧条。当然，学生还要去查 YA 是 young adult（青少年）的缩写。

例 3：

In that sense *To Kill a Mockingbird* may have been the first YA novel— it gives young people a familiar lens through which to grasp concepts that might otherwise feel overly adult or abstract. The book's setting, a small town in Alabama gripped by the Great Depression of the 1930s, may appear far removed from the experience of most kids reading it today. But Lee's words make her story — Scout witnesses her lawyer father, Atticus Finch, defend an African-American man unfairly accused of raping a white woman – feel alive and present.

从这个意义上讲，《杀死一只知更鸟》可能是第一部青少年小说，让年轻人透过熟悉的镜头来把握本来可能完全属于成人的概念或过于抽象的概念。该书的背景是受 20 世纪 30 年代大萧条影响的一座小镇，位于阿拉巴马州。这一背景与现在阅读这本书的大部分儿童的经历大相径庭，但是李的语言让小说变得活灵活现——斯各特亲眼目睹了做律师的父亲阿提克斯·芬奇为一位被诬告强奸了一名白人女性的非裔美国人进行辩护，这情景仿佛就在眼前。

正如建构主义所认为，学生已有的知识和经验是构建知识、解决问题的基础，翻译教学中，教师应该引导并规定学生在进行语言转换之前查阅背景知识，了解翻译的目的，从而在转换的过程中能够在精确把握原文内容的基础上忠实地传达原文的信息，同时又根据翻译的目的用地道的、符合本篇材料文体的目的语表达出来。而且在查阅资料的过程中，学生会对原文材料的一些专有名词有所了解。总之，只有了解了上述知识，语言转换的时候才能如鱼得水，而且通过这些背景知识的查阅，学生对西方历史、文学、地理等文化知识也有了一定的了解，从这个意义上讲，译前查阅资料对学生跨文化交际能力培养的意义更加重大。

另外，在翻译转换和校验之后，还应启发学生对整个翻译过程进行反思。译后反思与译前查阅资料一样不可或缺，就如同孔子所说"学而时习之，不亦乐乎？"对自己所学和所做进行反思，可以让学生更好地温习所学和所做的内容，通过对本次翻译实践中遇到的问题和产出译文进行反思和评价，建构翻译新知识和形成翻译新经验的过程及结果，看到自己在笔译学习中的长处和不足，其中包括对一些文化形式的处理是否得当，从而对自己今后的笔译学习进行更好的自我调控和修正，逐步培养自主学习、自我发展的跨文化交际能力。

4. 通过"回译"操练培养学生的跨文化交际能力

回译（back translation）是译文译回原文的过程。苏托沃斯（Shuttleworth）和科维（Cowie）（2004，p.14）认为，回译就是"把翻译成特定语言的文本又重新翻译成源语的过程。"冯庆华（2001，p.436）指出，"回译对译文的检验功效是其他方法无法企及的，因而回译在翻译实践中的重要地位也是不容忽慢的。"就跨文化交际能力的培养而言，英译汉之后的"回译"尤其重要，即一篇英文译成中文后，经过老师的评价和反馈以及学生的修改变成非常通顺的汉语篇章后，再把汉语的译文译回英文，这个"回译"的过程中要尽量使用英文原文所使用的词汇、短语、句式等，旨在督促学生英译汉的过程中试图记住一些词汇、短语和句式结构，其中包括文化表现形式和所隐含的思维模式，使用这些词汇、短语和句式结构将地道的中文翻译回英文，从而提高学生汉译英的能力，尽量避免"中式英语"现象。简言之，"回译"方法不仅有助于在以后的英译汉过程中能够更好地理解词义、语义和句义，还有助于提高汉译英的英文表达水平。

尤其值得注意的是，"回译"有助于提高学生的跨文化交际能力和思维转换能力。因为翻译中不可避免地存在文化问题，因此翻译是文化之间的交流与对话。通过回译，译本重新在本土文化中寻找到自己的落脚点，把输出的文化成分重新放回到它原来所处的位置。在这一过程中，译语文化体系成为一个不可或缺的参照系，同时要求学生在回译的过程中试图将文化现象与原文表现出的文化进行比对和对照，这样学生就了解到文本在往返的旅行中所发生的变化，同时由于语言会表现出中西思维的不同，通过翻译和回译更有助于培养学生两种思维方式的转换。简言之，"回译"需要将文化和思维模式进行还原，学生可以进一步了解到两种文化和两种思维模式的不同，无疑会有助于其跨文化交际能力的提高。例如在将下面的一小段英文译成汉语后，再要求学生将其译回英文，可以让学生了解英语的一些作家和作品以及哥特式小说，同时通过句式结构的调整，学生也在调整着自己的思维模式：

例4：

For one thing, the gothic imagination of writers such as Mary Shelley, Edgar Allan Poe and Bram Stoker is so vividly visual that it is eminently adaptable into 21st-century media — from cinema to TV to video games. Also it reflects teenage angst — Shelley was just 17 when she wrote *Frankenstein*.

一方面，玛丽·雪莱、埃德加·爱伦·坡、布拉姆·斯托克等作家的哥特式想象清晰直观，栩栩如生，非常适合改编成21世纪的各种媒体形式：从电影到电视剧再到电子游戏。而且，这种想象反映了青春的焦虑，要知道，玛丽·雪莱创作《弗兰肯斯坦》时只有17岁。

非常明显，通过回译，学生就会知道玛丽·雪莱、爱伦·坡和斯托克的英文，而且知道了哥特式小说以及《弗兰肯斯坦》对应的英文是什么，同时教师还可以就这些文化进行一些背景知识的介绍，进一步让学生了解西方哥特式小说产生的背景和年代以及哥特式小说的界定。同时，从汉语译文的多个小分句整合成英语形合的句子形式可以看出思维模式的转换。当然，学生还可以如前文所述，自己去查阅《弗兰肯斯坦》的内容，进一步丰富自己的文化知识。

5. 通过翻译教学中的人文通识教育培养学生的跨文化交际能力

大学中的通识教育（general education）指对大学生进行全方面的教育，使得大学生成为既有人格又有学问的"全人"，而非仅仅是一个"专业"人才。所谓"人文通识教育"则是在教育中加入"人文知识"的课程，是"以文史哲教育为核心的基础教育。"（张汝伦，2008，p.12）实际上，古希腊的亚里士多德和中国春秋时代的孔子都提倡教育内容的多元化。公元前五世纪和四世纪雅典的教育包含7门学科：语法、修辞、逻辑（论辩）、算术、几何、天文、音乐，中国古代儒家要求学生掌握礼、乐、射、御、书、数这六种基本技能。可见，通识教育历史悠久。对于英语专业的学生来说，在英语教育中加入文史哲的一些知识课程或在不同课程中加入人文知识是提高英语专业学生人文素养的重要一环，也是提高学生跨文化交际能力的重要途径之一。

翻译教学中，首先可以通过中国翻译简史来拓展学生的历史知识与文化视野。具体说来，通过让学生了解中外翻译简史来了解一些中外翻译家提出的翻译理论，如翻译与伦理和美学的关系，启发学生思考和讨论，从更深的层次揭示中外译论家提出的翻译标准与中外文化的关系，从而开阔学生的文化视野。举例说明：支谦在《法句经序》中提到的"善"译和严复提出的"信"都是"忠实于原文"的意思，而"善"和"信"等字眼实际上包含了中国文化的精髓。傅雷提出的"神似"这一概念，那么就要启发学生该如何理解翻译中的"神似"？这和中国传统美学"神韵"有何关联？西方翻译理论家提出的 loyalty、accuracy 等概念跟西方文化有何关联？通过启发学生思考和讨论这些问题，能从更深的层次揭示中西译论家提出的翻译标准与中西方文化的关系，从而开阔学生的文化视野。

其次，可以通过翻译选材和翻译具体操作提升学生对两种文化的认识。具体说来，翻译教师可以有意识地选取有关中西文化的篇章让学生进行翻译实践，包括文化现象的介绍、成语故事、中西文化对比、特定历史时期的描述、某一民间艺术现象的介绍等，甚至是中英文经典名篇中的选段。为了确切地表达出其中的文化涵义，学生在翻译之前势必要认真阅读材料，而对这些材料的精读可以帮助提升他们对不同文化的认识，学会领略文化和经典的魅力。而且在具体的翻译操作过程中，为了准确地传达原文的意思，学生就会逼迫自己去查阅资料，这种查阅又会使他们了解到更多的文化知识。另外，还可以通过译作欣赏，让学生体会到两种语言在美和文化上存在何种差别，从而更好地把握文化的异同，提升自己的跨文化交际能力。

结语

跨文化交际即不同文化背景的人们之间的交际，在全球化进一步深化的 21 世纪，随着不同国家、不同地区之间的交往日益频繁，跨文化交际能力越来越成为 21 世纪人才非常重要也是非常必需的一种能力。在经济实力日益强劲、综合国力日益增强的中国，培养具有跨文化交际能力的人才显得愈发紧迫。翻译教学是一种涉及外语与母语的教学，更便于将培养学生的跨文化交际能力融入教学。本文探讨了翻译教学中跨文化交际能力培养的五种途径，这五种途径贯穿翻译教学的始终，相互促进，相互补充，不但能实现翻译教学培养学生翻译能力的目的，同时能实现培养和提高学生跨文化交际能力的目的。

参考文献

Machida, S. (2011). Translation in Teaching a Foreign (Second) Language: A Methodological Perspective. *Journal of Language Teaching and Research,* 2 (4): 40-46.

Samovar, L. A., Porter, R. E. & Stefani, L. A. (2000). *Communication Between Cultures.* Beijing: Foreign Language Teaching and Research Press.

Sapir. E. (1921). *Language.* New York: Harcourt Brace.

Shuttleworth, M. & Cowie, M. (2004). *Dictionary of Translation Studies.* Shanghai Foreign Language Education Press.

包惠南．(2001)．文化语境与语言翻译．北京：中国对外翻译出版公司．

冯庆华．(2001)．文体翻译论．上海：上海外语教育出版社．

辜正坤．(2000)．互构语言学纲要．北京：清华大学出版社．

连淑能．(2002)．论中西思维方式．外语与外语教学，(2): 40-46.

刘宓庆．(1999)．文化翻译论纲．武汉：湖北教育出版社．

王佐良．(1984)．词义·文体·翻译．载罗新璋编，翻译论集。北京：商务印书馆．

乐黛云．(1988)．中西比较文学教程．北京：高等教育出版社．

张汝伦．(2008)．我国人文教育的现状及出路．载孙有中主编，英语教育与人文通识教育．北京：外语教学与研究出版社．

中外合作办学项目跨文化教学案例反思[①]

侯俊霞

北京外国语大学

摘要： 中外合作办学项目能够追踪从行前准备到跨文化实践，再到反思和改进的螺旋上升全过程，是完整实现跨文化教学研究整个流程的理想平台。本文聚焦某中英合作办学项目，结合《大学英语》和《外教口语》两门课程观察日志和深入访谈数据，对该项目跨文化教学进行反思，从教学的角度查找项目学生海外学习中难以与英国学生开展有效合作的原因。研究发现该项目跨文化教学尚未在行为层面开展有效的教学活动，应给予教师充分的自主权并发挥项目的合作办学优势，采用多种形式的跨文化接触提升学生的跨文化能力。

关键词： 跨文化教学；跨文化接触；跨文化适应；跨文化能力

1. 研究背景

在全球化进程的推动下，高等教育国际化程度快速提升（Altbach & Knight, 2007）。为了引进国外优质教育资源，我国自上个世纪九十年代开始与境外高校开展合作办学。截至 2017 年 2 月 16 日，已建立本科及以上中外合作办学机构 94 个和合作办学项目 1142 个（教育部，2017a & 2017b），在校生约为 45 万人。英国高校成为中国高校合作办学的主要合作伙伴，合作机构及项目总数从 2010 年的 114 个（Hou *et al.*, 2014），上升至 2017 年的 229 个。与此同时，中国学生在英数量激增，每年在英学习人数达 10 万人，超过欧盟学生的总和，成为英国最大的留学生群（British Council, 2013）。

笔者曾经采用民族志研究方法，对 50 名中英合作办学项目学生中英两校学习经历进行了历时跟踪研究。通过参与式观察、深度访谈和文本分析等方法搜集数据。研究发现由于项目的特殊性，他们的到来在英国大学形成了许多中国学生占主导的课堂，改变了原有课堂文化，出现了"我们"和"他们"分割现象，在一定程度上影响了两国学生的学习经历，这也是合作院校在培养学生跨文化能力方面必须面对的挑战（Hou & McDowell, 2014）。交际失败的案例显示中国学生的跨文化能力远远低于其语言能力（侯俊霞，2016）。

本研究通过梳理国内跨文化教学历史与现状，结合项目学生在国内学习的

---

① 资金支持：国防科技大学本科教育教学重点研究课题（U2015105）资助。

《大学英语》和《外教口语》两门课程观察日志和深入访谈数据，对该项目跨文化教学进行反思，从教学的角度查找问题的原因所在。

2. 文献综述

随着社会语言学被引入国内，语言的最本质功能社会交际功能在外语教学中得到强化。90 年代我国大部分高等院校采用了以"社会语言学和心理语言学为理论基础、以功能意念为大纲的英语交际教学法"，希望培养学生运用所学语言在不同的场合能和不同的对象进行有效得体的交际（邱天河，1994：17）。教学注重交际技巧和策略的培训，以提升语言使用的准确性和信息传递的正确性。强调教学要符合学习者未来交际的需要，以功能意念为纲，教学过程中最大限度地为学生提供与实际生活一致的交际机会，开始重视学习所学语言国家的文化（李国辰，1992）。从刘润清先生（1992）做的论文综述中可以看出这一时期的语言教师已经开始将文化知识和语用知识揉到语言教学中，并将对比分析作为提高学生文化差异意识的重要教学手段。这一时期的跨文化教学提醒学生关注语言的不同文化涵义和如何举止得体避免交际失误。但是外语教学中系统深入的文化对比研究还有待进一步开展（胡文仲，1992）。这一时期，有些院校开设了跨文化交际课程，如贾玉新先生曾汇报了跨文化交际课程如何引导学生学会预示和理解跨文化交际中产生的误会，以提高交际的有效性的教学论文（刘润清，1992）。但是这样单独汇报跨文化教学的实证研究论文寥寥无几，论文主题以中外文化差异比较居多。

21 世纪初，跨文化教学仍然是语言教学的一部分，文化的学习服务于语言能力的提升。跨文化能力的培养逐渐渗透于语言技能培养的各个环节（杨盈、庄恩平，2008）。教学中注重显性的文化知识的传授，但已开始出现细分和深入的趋势。在语言教学的初级、基础和提高阶段，分别关注表层文化、中层文化和深层文化三个层次，即器物文化、制度文化和观念文化（袁春梅，2000）。通过专题式授课，帮助学生透过文化的表层现象深入了解其深层结构，使文化规则内化为言语机制，形成自觉的文化意识，提升跨文化交际能力（林娟娟，2006）。跨文化教学蓬勃开展的同时，有学者提出不能将培养 Native speakers 作为外语教学的目标，避免因被目的语文化同化而背离自己本族文化的倾向（张红玲，2007）。这一时期的跨文化教学存在注重让学生了解外国文化，忽视中国自身文化的现象。这种重吸收、轻传播的做法，不利于学生在实际跨文化场景中的双向交流（吕力，2009）。一些院校开始采用中教与外教联合授课，以增进异文化与母语文化之间的互动，增强学生文化创造力对自己社会文化的认同感，提升学生的跨文化交际能力（郭尔平等，2002）。教师的跨文化交际能力培养成为教师必备素质的观念开始引起重视（侯瑞君，2003；刘晓梅，2005）。

近十年来，随着教师对跨文化能力的理解不断深入，跨文化教学从关注知识和技能，不断深入到跨文化态度和意识的培养，并进一步强调行动实践能力的重要性。2007 年教育部将"跨文化交际"列为大学英语课程的主要内容，而在 2017 年发布的《大学英语教学指南》中，将跨文化教育突显为大学英语课程的重要内容。跨文化教学无论从教材编写、大纲制定还是模式选择逐渐将跨文化能力培养放在突出位置。跨文化知识传授逐渐体系化和系统化，同时更加注重实践、反思和体验在态度和意识的培养上潜移默化的作用。教师开始关注学习者与包括教师在内的环境之间的主动互动，以提升教与学的效果。这种主动互动的建构主义教学观鼓励学生亲身参与，体现了杜威的"做中学"、布鲁纳的发现学习和罗杰斯的以人为本的教育思想，如 ACROSS 课程设计模型（侯俊霞，2014）。在发展性评价体系下（Assessment for Learning），学习体现为每个学生动态发展的过程，学习不止是信息的传递，而是基于有指导的发现；教师从知识的传授者转变为课堂活动的组织者，成为学习共同体中的一名成员（Co-learner）；学生与教师共同研究（Research-based Learning）、共同发现、共同创造新知识（Original Contribution）；在语言学习这一社会活动（Social Activity）中，亲身体验冲突、协商、妥协和合作的过程，培养学生自我监控（Self-regulation）的能力，成为自主学习者和终身学习者。学生的跨文化能力、思辨能力和研究能力培养在教学中得到关注，语言能力在高层次思维能力的拉动下得到提升。

孙有中教授（2016）提出了跨文化教学 CREED 模型包括五个要素，即思辨（Critiquing）、反省（Reflecting）、探究（Exploring）、共情（Empathizing）和体验（Doing）。动名词的使用与这一时期强调文化动态教学的理念不谋而合，体现了文化的动态性（Dynamic）特点。这种探究、体验和动态性也体现在这一时期跨文化教学论文的特点上。论文从脉络梳理（如张红玲，2012）、模式探讨（如孔德亮，栾述文，2012；杨宏丽等，2012；张换成，2014；葛春萍，王守仁，2016；王松，刘长远，2016）、概念厘清（如胡文仲，2013）、对策研究（如杨东杰，王维倩，2013），逐渐扩展到实证研究（如刘婷，罗春明，2015）。尤其是外语教师在大学英语系列课程中开展了多项行动研究，如邀请学生将生活体验带进课堂提高学生跨文化意识和反思能力（高一虹，2008）、运用"Cultural Knowings"教学模式提高学生跨文化意识（常晓梅，赵玉珊，2012）、采用过程性文化教学模式显著提升情感和行为层面的跨文化交际能力（黄文红，2015）、在信息技术的帮助下翻转课堂下跨文化敏感度的培养（苏超华，2016）、采用反思性跨文化教学模式帮助学生从本族中心主义向本族相对主义转变（郑萱，李孟颖，2016）等研究将教室里鲜活的声音带进了跨文化教学研究，推动该领域改进研究现状，实现 Research-based practice。值得关注的是跨文化教学中教师的身份认同成为研究的一个焦点（如耿淑梅，2009），其跨文化能力成为中华文化走出去的重要因素（刘学蔚，2016）。有关教师的跨文化交际能力认知及跨文化英语教学实践得到国家社科基金项目立项（韩晓蕙，2014）。在跨文化教学从直接传授文化知识向培养学生文化敏感性和跨文化交际意识的过程中，教师的文化观念和平等对待文化独特性的态度会起到言传身教的作用，培养学生把文化知识转化为文化敏感性，从而自如地进行跨文化交际（曹煜茹，2011）。跨文化教学应致力于帮助学生在学习文化和比较文化的基础上，体验本族语言文化与外来语言文化之间的平等对话，不断发现和认识自我与他人，拓宽价值观和世界观，探索和协商两种文化之间的新文化融合空间——"第三空间"，形成跨文化的复合人格（叶洪，2012）。合作办学项目学生跨文化适应的过程本身就是"第三空间"的构建（侯俊霞，2016），因此，项目学生的跨文化经历可以反思国内跨文化教学的得与失。

我国的跨文化教学从运用对比分析注重知识的传授慢慢过渡到采用探究实践鼓励学生亲身参与，这体现了对文化的特点之一动态性认识的深入。原有将文化仅作为静态知识来传授的教学方法，忽略了对文化本质的理解。同时，包括认知层面、感情（态度）层面和行为层面在内的跨文化能力的提升，本身需要构建跨文化接触的平台，而中外合作办学项目跨文化教学能够追踪从行前准备到跨文化实践再到反思和改进的螺旋上升全过程，因此是完整实现跨文化教学研究整个流程的理想平台。

3. 研究方法

基于社会建构主义的本体论和解释主义的认识论，笔者认为每位参试者在合作办学项目中的教学经历和对相关现象的解释及建构是不同的，并且受各种社会因素的影响。历时质性跟踪研究能够捕捉教学过程中的发展变化，并从不同角度对出现的教育现象进行解释。笔者采用民族志研究方法对中英某合作办学项目进行了两年半的跟踪研究。在中英两地开展15个月的田野调查，通过深入访谈、参与式观察和文献分析等方法搜集数据。教师受访者的选取方法为目的取样法。共采访9名中方任课教师、1名中方管理人员、7名英方教师和1名英方管理人员（参试者信息详见表1）。中国参试者参访语言为中文，其他采用英文进行访谈。

研究首先获得学校伦理审查委员会的审批，在双方学院领导、任课老师和学生签署知情同意书后笔者进入研究场域。笔者在学生宿舍居住，从一个"局内人"的角度体验合作办学学生和教师课内课外生活，同时从一个"局外人"的角度观察、分析和反思所见所闻。数据分析要采用扎根理论（Grounded Theory）分析方法（Charmaz, 2006），并通过多方对照（triangulation）、参试者检查（member check）及研究者反思等方法确保研究结果的有效性和可信度。本研究尊重参试者的知情同意权和自由退出的权利。保护参试者的隐私，匿名编号处理数据，对数据严格保护。研究结果仅用来撰写与课题相关的研究报告、会议论文、学术期刊文章和专著。

表 1　教师参试者信息表

编码	匿名	性别	国籍	职位
CS01	Tao	男	中国	任课教师（班主任）
CS02	Lin	女	中国	任课教师
CS03	Sheng	男	中国	任课教师
CS04	Qing	女	中国	任课教师
CS05	Bin	男	中国	任课教师
CS06	Zheng	男	中国	任课教师
CS07	Xin	女	中国	任课教师
CS08	Mei	女	中国	任课教师
CS09	David	男	澳大利亚	任课教师
CS10	Ming	男	中国	行政管理人员
BS01	Frank	男	英国	任课教师（班主任）
BS02	Simon	男	英国	任课教师
BS03	Eric	男	英国	任课教师
BS04	Tom	男	英国	任课教师
BS05	Colin	男	英国	任课教师
BS06	Louise	男	英国	任课教师
BS07	Ben	男	英国	任课教师
BS08	John	男	英国	行政管理人员

4. 研究结果及讨论

4.1 课程总概括

学生在国内两年学习期间，需完成教育部规定的 6 门必修课程和 9 门专业核心课程共 1547 学时，包括思想道德修养与法律基础（54 学时）、中国近现代史纲要（36 学时）、马克思主义基本原理（54 学时）、毛泽东思想邓小平理论概论和"三个代表"重要思想（72 学时）、大学体育（136 学时）、大学英语（288 学时）、计算机文化基础（96 学时）、C 语言程序设计（75 学时）、高等数学（180 学时）、工程物理与电磁场（64 学时）、电路信号与系统（150 学时）、电子技术（150 学时）、电机学（96 学时）、计算机实践研究（48 学时）和电子实践研究（48 学时）。同时还要进行国防教育（72 学时）和 3 次社会实践。为了帮助项目学生提升口语，为留学做准备，学院专门聘请了外教，开设了外教口语课，共 120 学时。

> "前两年要学习外语、道德、哲学、体育等必修课，压缩在前两年拿学分。课时比较紧。我们也想针对项目学生的实际情况，改革英语授课内容，但是必须先完成学校要求的课时，拿到学分。"
>
> （CS10_Ming_ 中方行政管理人员）

在有限的时间内，学校在双语授课、大学英语、外教口语和外方授课等环节帮助学生适应海外学习生活。

> "对于学生在国外过度遇到的问题，我们也一直在做事情。专业核心课程鼓励教师双语授课，但是学生外语程度还不能完全听得懂，所以学院将精力放在提升学生语言技能，完成英方入学水平上。在课程中和课程之外的活动中帮助学生了解文化差异，对留学生活有准备，使他们在这方面有经验有知识。例如邀请英国大学老师来授课、聘请外籍教师给学生练口语、鼓励学生假期到外面的培训机构、接受外语集中培训、考雅思等。外方也专门有外语老师为学生补课。双方都为解决这些问题（交流障碍及跨文化不适等问题），减轻这些问题对学生带来的不利影响进行了非常多的努力。"
>
> （CS10_Ming_ 中方行政管理人员）

从 M 老师的访谈中可以看出在学校管理层面已经认识到项目学生在海外遇到的交流障碍和跨文化不适等问题会影响学生的学习生活，在后续的教学中帮助学生"提升语言技能"、"了解文化差异"、"练口语"和"考雅思"。跨文化教学主要集中在《大学英语》和《外教口语》两门课程。

4.2 大学英语课跨文化教学状况

Z 老师，男性，近 30 岁，主要教授《大学英语》课程。每周六个课时，两节听力，四节综合英语教授阅读、写作和翻译。Z 老师对学生的海外学习需求进行了分析，认为学生主要面对的是语言能力问题，因此在教学中侧重语言能力提升：

"他们口语有欠缺，听力稍微好一点。有些女生还可以。一般寒暄性的交流还可以，涉及到有 idea, professional knowledge 就差一点。他们可能会因为专业英语不熟悉，导致专业课有困难。我一直跟他们交待，你们一定要努力认真，国内不学好，到那边还要上语言培训班，又要应付专业课又要应付语言关，会应付不过来。他们自觉性比较强的话，应该能够听得进去。有的比较散漫一点，听不进去。我们这门课侧重提高他们的语言基本技能，比如听说读写。"

（CS06_Zheng_ 中方任课教师）

为了帮助学生出国学习，Z 老师在教学中也补充了文化知识。在观察中，Z 老师没有以句型操练为中心安排课程教学，如听力课上，他播放了一段英国当季的电视情景剧 "Little Britain"，让学生听完之后，讲述大意，并解释剧中被模仿人物的背景。学生很喜欢这样的文化分享，然而在采访中，Z 老师表达了自己的担心：

"刚接触还可以，有新鲜感。我给他们补充的东西很多，但是也不敢补充太多，怕他们考试不及格。试卷是全校统一出的，有专门的老师从试题库里面抽取，是非常规范的。出题考试阅卷登成绩都很规范，老师无法从中操作。该讲的都讲到了，女生学习认真，记得多，男生有的不行。这与课程类型有关，专业课重要，我的像鸡肋。"

（CS06_Zheng_ 中方任课教师）

Z 老师担心在有限的课时内关注了文化，会影响学生的统考成绩。他的一句"我的像鸡肋"代表了许多大学英语教师的无奈。

"课时都有规定，比如这个单元要讲 8 个课时，讲完课，还要讲练习，时间都给固定好了，所以老师选择的余地不大。不像国外，自编讲义比较多，课本依赖性弱。用国家教育部通编教材，我们没有权利选教材，如果可以完成教学任务，就可以给学生一些东西来看，但是选择余地不是很大。还有印刷费用的问题，太多会不会和教学任务有冲突，这些都要考虑。可以给他们看一些 ppt。我们的教材侧重对语言的培训，但是对国外文化涉及不多。不好补充。"

（CS06_Zheng_ 中方任课教师）

"鸡肋"很大程度上源于任课教师缺乏一定的自主权，不能自己选择教材，制定授课计划，选用测评方式。由于现有教材涉及文化知识较少，加上授课计划的约束，在学生考过雅思之后，学习英语的积极性就不高了。

"学生刚开始还行，后来就皮了，主要是教材不行。中英班嘛，有自己的特殊的要求，出国英语重在口语和听力，语言的应用，还有应用文体的学习，但是我们的教学计划都是固定的，所以材料对他们帮助不大，加上考过雅思之后，他们觉得考试能过就行了，所以后面积极性就不太高。这些都是相互的，他们积极性不高，我的积极性也就不太高了。"

(CS06_Zheng_ 中方任课教师)

该合作项目每年选派专业教师到英国大学跟课学习，然而由于 Z 老师属于大外部，关系不在合作办学学院，因此没有机会到海外交流，这也是他感到"鸡肋"的原因之一。

"我了解国外大学的一般特点，但是具体他们到那边是怎么上课的教学体制那些，我还没有和他们交流。当然希望能和英国那边的老师进行交流，有一个接触。有个衔接的过程。那是最好的。无论是对个人还是对工作，有衔接做过渡比较好，但是条件不具备。我们是公共课，属于外院。我们给他们上课，但是教学管理都是大外部的事。"

(CS06_Zheng_ 中方任课教师)

该项目的《大学英语》课程以语言教学为主，文化教学为辅。教学重点放在语言技能的培养，目的在于帮助学生通过期末联考和英语等级考试。虽然 Z 老师根据授课对象的需求，加大了文化知识的补充，但是受教材、计划和考试的制约，指导思想没有从培养学生语言技能为主改变为培养学生的交际能力为主。因此，学生能够运用所学语言在不同的场合、对不同的对象进行有效得体的交际教学目标难以实现。Z 老师的课文讲解穿插了英语国家文化背景知识，结合语言点的讲解传授给学生。然而文化教学在大学英语教学中仍然是语言教学的附属品，文化知识点只是点到为止。"只在时间和条件允许的情况下关注文化教学，文化教学因此不成系统，学习者学到的往往是零碎的文化知识和信息。这种将文化作为零碎知识和信息进行介绍、学习的方法很容易导致对目的语片面，甚至错误的认知"（张红玲，2012：5）。

4.3 外教口语课跨文化教学状况

D 老师也是男性，30 岁左右，来自澳大利亚，母语为英语。他的口语课自主性较大，不用参加全校的统考。课程设置的出发点也是为了帮助学生顺利适应海外学习生活。D 老师在授课中，尽力帮助学生了解英国大学所在城市的文化：

"I show them the weather and photographs of the city. I show them photographs of pubs, buildings, and the train station where they will arrive... I try to give them the prices about how expensive things are in England, so how much is milk and how much is a bottle of water, how much is a bus ticket. … So they say, 'Oh, the teacher showed us a picture of the train station. I know where I am' and I show them a picture of Chinatown so they know it's not so far away, so it's not so foreign and strange to them."

（CS09_David_ 中方任课教师）

D 老师介绍了该城市的地理位置、城市风光、商品物价等基本特征，配合照片和录像，使学生了解了英国大学所在城市的一些基本情况，降低了他们对留学生活的陌生感。D 老师还通过介绍英国的文学和戏剧来帮助学生了解英国文化。

"I showed them *The Lion, The Witch and The Wardrobe*, which was a little bit English related. I explained to them who C.S. Lewis was and explained to them that he went to Oxford and to Cambridge. I explained a little bit about the background history. I know one girl who has read all the books in the class; she was very interested in it, so that was good. Because I'm trying to expose them to English literature."

（CS09_David_ 中方任课教师）

D 老师按照主题安排授课内容，选取了学生在留学生活中有可能遇到的问题，如文化冲击等。通过讨论这些话题，学生开始了解英国的文化，预测有可能遇到的困难，应对在新学习环境下的挑战。

"One of the topics was *Culture shock. What is it?* and so I explained to them the five stages that they will go through. And then we actually talked about ways to get over culture shock. Doing sports, making friends, QQ and MSN, keeping in contact."

（CS09_David_ 中方任课教师）

D 老师介绍了文化冲击的五个阶段以及学生可以采用的应对措施。他曾在中国留学，遇到了许多困难，而自己如何克服这些困难的亲身经历则为课程提供了真实案例。

"When I told them about what it's like to study, I taught them what it was like to be a foreign student here. I told them that the food was different. I told them about difficulties I had and I told them about how I got over my difficulties of being in China."

（CS09_David_ 中方任课教师）

D 老师设想了学生有可能遇到的一些场景来进行模拟，如登机、护照丢失、讨论出国目标等等，使外语学习贴近留学生活，更加实用：

"Because what I'm doing is, I'm teaching them to think and not just to repeat… I try to pick topics like going overseas or things that are related to where they are going. Because I think that if you make language practical and they can see the point, they want to learn it because, 'Hey, this would be useful when I'm over in England, I'm going to travel over there' and so if it's more practical then there is a point, rather than learning about fashion or something, or learning about something that's maybe not so related. So I try to make it practical for them."

（CS09_David_ 中方任课教师）

在教学中，D 老师通过辩论等手段鼓励学生参与：

"I give them a debate on a topic: *There is no advantage to going overseas* and then split them into two groups. Then in that way, they have to talk about it. But with the debate, what I was marking was their participation. I'm looking to see which students actually say something without me asking."

（CS09_David_ 中方任课教师）

D 老师利用图片、音频和视频介绍英国文化，给学生以直观的感受，并且能够根据留学生活中会遇到的许多场景进行模拟，让学生进行角色扮演。知识点的补充关注英国国家文化知识，如历史、风俗和宗教等。这些知识在一定程度上可以帮助学生扫除因缺乏文化背景知识而导致的交际理解障碍。他选择目的语国家的真实材料，引导学生在特定场景下组织语言，得体有效地进行跨文化沟通。然而，他在授课中多用讲述的方式，采访中，多次提到"told"和"showed"，还未采用合作研究等形式引导学生对跨文化适应等问题及应对策略进行探究。

4.4 讨论

跨文化能力包含认知层面、感情（态度）层面和行为层面的能力，其培养是一个复杂而长期的过程，不能在课堂上通过讲课就可以实现（胡文仲，2013）。在知识层面，现有《大学英语》和《外教口语》中的跨文化教学关注认知层面知识的传授。笔者在调查中发现与韩晓蕙（2014）的研究发现不同的是中外合作办学项目中的教师除了采用解释、补充和评论教学中涉及到的文化内容，引导学生探索与教学内容相关的文化现象和对比评价本族文化与他者文化等常用手段外，还发挥了项目的优势，邀请英国教师来华授课，邀请有出国经历的老师和同学讲述海外经历，聘请外教结合亲身经历模拟不同文化情景中的交际行为。

在情感层面，多数合作办学项目学生在报考项目时已有较强的出国动机，并在出国前有了解英国文化、结交英国朋友、融入英国社会的愿望（侯俊霞，2016）。研究发现现有跨文化教学注重直接传授跨文化知识和在语言层面的跨文化技能的培养，较少涉猎文化敏感性和跨文化意识的培养。

在行为能力上，由于在国内准备阶段缺乏实地体验，只提供知识难以真正培养跨文化能力（胡文仲，2013）。出现了中国学生和英国学生都有了解彼此的愿望，但是由于跨文化能力中行为层面能力的不足，致使双方难以遂愿。旨在培养跨文化能力的持续、系统、全面的跨文化教学尚未开展。中外合作办学项目应该充分发挥项目的国际合作优势，不仅邀请英方教师来华授课，还可以邀请英国学生共同学习。双方愿意在交往之初搁置自己的价值判断，理解并对与自己价值观不同的他者有同理心，增强对文化相同点和不同点的意识，提升在两种或多种文化之间斡旋的能力，自由穿越于两种或多种信仰、价值观和行为之间（Byram，2008：69）。这样，双方均能获得跨文化体验，共同消除教室里的分割线（Hou & McDowell，2014）。

实证研究表明跨文化接触（Intercultural Contact）是提升跨文化能力的重要途径（侯俊霞，2016）。笔者曾在自己所教的《大学英语》、《综合英语》和《跨文化交际》等课程中按照差异最大化原则组成研究小组。一方面鼓励学生自己搜集留学生活即将遇到的文化冲击、文化知识、应对策略等，另一方面在合作中体会与来自不同文化背景的同学冲突、协商、妥协和合作的全过程。在合作研究的过程中，获得真实的情感体验：在冲突中反思自己的交际行为，学会调整自己，求同存异，培养豁达的为人处世的态度；在协商中学会尊重，感受倾听带来的不一样的收获；在妥协和合作中积极面对差异，培养积极的情感，反思隐藏在自己合作行为及言语行为中的对不同文化背景的刻板印象、偏见、民族歧视和自我中心主义倾向，通过反思日志的形式进行解构，并在教师帮助下运用跨文化交际知识进行重构。

5. 结论

通过对某中英合作办学项目两门课程进行反思发现跨文化教学尚未在行为层面开展有效的教学活动，这可能是项目学生海外学习中难以与英国学生开展有效合作的原因。我们不应将语言视为中性的工具，奢望其在跨文化环境下就能实现得体有效的沟通，应该在现行的外语能力评价体系内将跨文化能力纳入其中，以改变以往局限于听说读写译等语言技能（孙有中，2016）。新的教学指南中虽然突出了跨文化教学的重要性，但是没有给出具体大纲，需要院校制定具体的跨文化教学大纲，并提供相关培训。缺乏纲领性文件指导，一线教师难以提供系统的文化教学，且易导致学生对文化产生狭隘和僵化的理解（张红玲，2012）。教师的跨文化教学能力，除具备文化知识和技能外，文化的意识、态度也需提升。应给予教师充分的自主权，如选择教材和评测手段，鼓励自编讲义。同时充分发挥项目毕业生的作用，将其鲜活的个人跨文化交际案例做成微课，编制成案例，弥补学生和教师跨文化体验缺失的问题。充分发挥合作办学项目的优势，在各个课程中体现跨文化能力培养，将跨文化教学融入整个项目教学中。不能仅仅将跨文化交际能力培养视作中方教师的工作，应该在实地跨文化学习过程中，找专人指导，在遇到交际障碍时及时指导，帮助学生恰当有效地在异文化环境中调节自己，改善人际关系，在顺利完成学业的同时获得丰富的跨文化经历。

参考文献

Altbach, P.G. & Knight, J. (2007). The Internationalization of Higher Education: Motivations and Realities. *Journal of Studies in International Education*, 11(3-4): 290-305.

British Council, (2014). *The Shape of things to come*. Research report. 2013. [Online]. Available at: http://www.britishcouncil.org/sites/britishcouncil.uk2/files/the_shape_of_things_to_come_2.pdf (Accessed: 13 January, 2014).

Byram, M. (2008) *From Foreign Language Education to Education for Intercultural Citizenship: Essays and Reflections*. Clevedon: Multilingual Matters.

曹煜茹．(2011)．关于跨文化交际教学的几个问题分析及策略探索．教学与管理，24: 144-146.

常晓梅，赵玉珊．(2012)．提高学生跨文化意识的大学英语教学行动研究．外语界，2: 27-34.

高一虹．(2008)．跨文化意识与自我反思能力的培养——"语言与文化"、"跨文化交际"课程教学理念与实践．中国外语教育（季刊），1(2): 59-68.

葛春萍，王守仁．(2016)．跨文化交际能力培养与大学英语教学．外语与外语教学，2: 79-86.

耿淑梅．(2009)．多元文化背景下对外汉语教师的角色定位——以北京语言大学为例．中国大学教学，7: 42-44.

郭尔平，顾超美，鲍静英．(2002)．"中外教师英语口语课堂教学合作"实践报告．外语界，89(3): 47-52.

韩晓蕙．(2014)．高校学生跨文化交际能力培养的现状与思考——以高校英语教师为考察维度．外语学刊，3: 106-110.

侯俊霞．(2014)．大学英语课程思辨能力培养探索．"外语教学中的思辨能力培养"全国高校外语教学研修班．北京：外语教学与出版社．

侯俊霞．(2016)．中国学生跨国学习经历研究——以中英合作办学项目为例．北京：中国社会科学出版社．

Hou, J. & McDowell, L. (2014). Learning Together? Experiences on a China-U.K. Articulation Program in Engineering. *Journal of Studies in International Education*, 18(3): 223-240.

Hou, J., Montgomery, C. & McDowell, L. (2014).Exploring the Diverse Motivations of Transnational Higher Education in China: Complexities and Contradictions. *Journal of Education for Teaching*, 40 (3): 300-318.

侯瑞君．(1992)．高校外语教师跨文化交际能力的培养．黑龙江高教研究，116 (6): 74-75.

胡文仲．(1992)．文化教学与文化研究．外语教学与研究，89 (1): 3-9.

胡文仲．(2013)．跨文化交际能力在外语教学中如何定位．外语界，6: 2-8.

黄文红．(2015)．过程性文化教学与跨文化交际能力培养的实证研究．解放军外国语学院学报，38(1): 51-58.

教育部．(2017a)．本科中外合作办学机构与项目（含内地与港台地区合作办学机构与项目）名单．[Online]. Available at: http://www.crs.jsj.edu.cn/index.php/default/approval/orglists/2 (Accessed: 20th February, 2017).

教育部．(2017b)．硕士及以上中外合作办学机构与项目（含内地与港台地区合作办学机构与项目）名单．[Online]. Available at: http://www.crs.jsj.edu.cn/index.php/default/approval/orglists/1(Accessed: 20th February, 2017).

孔德亮，栾述文．(2012)．大学英语跨文化教学的模式构建——研究现状与理论思考．外语界，2: 17-26.

李国辰．(1992)．语法教学中贯彻交际法原则的特点．外语与外语教学（大连外国语学院学报），65(5): 29-32.

林娟娟．(2006)．跨文化教学策略研究．外语与外语教学，4: 31-33.

吕力．(2009)．"中国英语"对高校英语跨文化教学的启示．中国成人教育，10: 155-156.

刘婷，罗春明．(2015)．大学英语课堂中跨文化交际能力培养的实验研究．教育学术月刊，9: 107-111.

刘润清．(1992)．ELTINCHINA1992 研讨会部分论文简介．外语教学与研究，2: 3-13.

刘晓梅．(2005)．对外汉语教学中文化的定位、体系建构及教师素质．黑龙江高教研究，7: 56-57.

刘学蔚．(2016).从国际汉语教师的跨文化能力论中华文化走出去．江汉论坛，5：140-144.

邱天河．(1994).英语交际过程中的语用功能．外语教学（西安外国语学院学报），15(1):
    17-24.

苏超华．(2016).翻转课堂下跨文化敏感度培养的实证研究．广西师范大学学报（哲学社
    会科学版），5: 139-146.

孙有中．(2016).外语教育与跨文化能力培养．中国外语，13 (3): 17-22.

王松，刘长远．(2016).外语学习者的跨文化意识培养．外语学刊，5: 127-131.

杨东杰，王维倩．(2013).大学英语文化教学生态失衡与对策研究．黑龙江高教研究，12:
    150-152.

杨宏丽，田立君，陈旭远．(2012).论跨文化教学的文化冲突与文化融合．教育研究，5:
    102-106.

杨盈，庄恩平．(2007).构建外语教学跨文化交际能力框架．外语界，4: 13-21.

叶洪．(2012).后现代批判视域下跨文化外语教学与研究的新理路——澳大利亚国家级课
    题组对跨文化"第三空间"的探索与启示．外语教学与研究（外国语文双月刊），1:
    116-126.

袁春梅．(2000).英语语言与文化教学：理论与实践．解放军外国语学院学报，23 (4):
    79-81.

张红玲．(2007).跨文化外语教学．上海：上海外语教育出版社．

张红玲．(2012).以跨文化教育为导向的外语教学：历史、现状与未来．外语界，2: 2-7.

张换成．(2014).大学英语跨文化教学模式的构建．教育理论与实践，34 (3): 56-57.

郑萱，李孟颖．(2016).探索反思性跨文化教学模式的行动研究．中国外语，13 (3): 4-11.

课堂讨论模式作为跨文化教学有效教学方法实证研究

王洁卿

首都师范大学

摘要： 虽然有不少外语教育研究者指出课堂讨论在促进学生发展思辨能力和跨文化能力上的潜力，相关的实证研究尚缺乏。本研究考察了某自然班以课堂讨论的方式学习一篇跨文化内容的课文的效果，发现课堂讨论这种模式确实促进学生的认知和跨文化交际能力。

关键词： 课堂讨论；跨文化教学；跨文化能力

1. 前言

近年来，随着人们对外语教育培养目标的重新思考，跨文化交际能力、跨文化教学日益成为国内外外语教育界研究的热点问题。孙有中（2011）批评了我国以往的外语教学过于侧重语言基本知识传授和基本技能训练的弊端，提倡融入文化知识和思辨能力培养的新型英语专业人才培养模式。孙有中（2016）认为思辨能力的提升可同步提升跨文化能力，而要提高学生的思辨能力，外语课堂教学就不应该以知识灌输和讲授为主，而是引导学生积极思考的小组讨论和辩论模式。由此，课堂讨论，被视为跨文化教学的一部分。这与很多外语教师仅把课堂讨论作为活跃课堂气氛、缓解学生在直接课堂提问下紧张焦虑或一问三不知的角色定位有着根本不同。

笔者认为，课堂讨论如果运用得好，可以促进思辨能力培养。那么，什么是思辨能力呢？Scriven & Paul（1987）认为思辨能力需经专业训练，是对信息进行"概念化、分析、综合、评价和运用"的能力。思辨能力表现出的思维特征是"清晰、准确、精确、一致、相关、证据、理性、深度、广度、公正"。在理想的课堂讨论中，学生能够不断吸纳不同人的观点开阔思维、增加认知的准确性和深度，提升思辩能力。

课堂讨论的另一个作用是，可以提高跨文化能力。什么是跨文化能力？传播学者 Kim & Gudykunst（1988）对跨文化交际的定义相当宽泛。他们根据交际者异质性程度，将跨文化交际和文化内交际看作是一个连续体的两端。换句话说，来自不同民族文化（如东西方文化）的交际者之间的交际是最典型的跨文化交际，而来自同一民族文化内部，但交际双方所属的亚文化有明显差异也属于跨文化交际，只不过相对容易一些而已。笔者认为，学生群体内部也有文化差异，比如价值观、性格、兴趣爱好、生活习惯等。这是因为每个学生的成长环境不同，受家庭经济和教育因素影响很大，而且每个家庭所在的我国各地风土人情文化差异也很显著，因此，学生之间的交际，同样蕴含着丰富的跨文化学习因素。当学生使用外语进行课堂讨论时，就是在"跨交际交际"中学习交际，等于"做中学"。另外，与同学交际要比与外国人直接交际产生的紧张焦虑和不确定性小得多，课堂上充分的锻炼有助于学生逐渐提高自信以便将来从容应对真实的跨文化交际。

综上所述，将课堂讨论运用于跨文化教学，是一个值得研究的领域。不过遗憾的是，目前尚缺乏相关的实证研究，特别是针对某一类型的学生。

2. 课堂讨论运用于跨文化教学的原则与方法

跨文化教学要遵循一些基本原则。张红玲（2008）认为跨文化教学应该采用以学习者为中心鼓励学习者自主学习的模式，将语言教学和文化教学有机结合，说教式的知识传授与体验探索式的教学方法相结合，教学内容和过程情景化和个人化，以及引导学习者对本民族文化反思并将本族文化和外国文化进行比较（p.232-242）。孙有中（2016）提出了5项跨文化教学原则（即CREED），分别指思辨（critiquing），反省（reflecting），探究（exploring），共情（empathizing）和体验（doing）。

课堂讨论，可以分成封闭式和开放式两种。所谓封闭式讨论，是指教师指定问题让学生讨论，而开放式讨论中学生则有权选择讨论的问题。就封闭式讨论来说，教师可以设计语境式、辨析式、连环式、归纳式和引申式问题（朱志勇等，2005）。就讨论的过程而言，教师可以在讨论前、中、后三个环节实施不同的策略以便达到最好的讨论效果（李有贵，2015）。关于讨论组的人数，研究者普遍认为外语课堂采用4人小组的形式较为恰当。

在跨文化教学中实施课堂讨论，必须遵循跨文化教学原则，无论采用哪种讨论形式，一定要尽量保证所有学习者都能积极参与；交流观，而且最好有一定的广度和深度；尽量使用外语沟通。

本研究要探讨的问题是：在外语课文教学中，课堂讨论是否促进学生的跨文化能力发展？

3. 研究方法

北京市属某高校的某大学英语班的学生参与了本研究。以下是参与者信息：

表 1　参与者基本信息表

人数	性别	专业	学期	英语水平
28	男 3/ 女 25	中文、政法	第四学期	中下

简单说明一下参与者的英语水平。该校实行大学英语分级制，即所有新生一入学要参加英语分级考试，从中选拔出成绩好的学生组成 A 班，在一下（第二学期）提前参加大学英语四级考试，其他学生进入 B 班。B 班学生在第二学期末再经历一次选拔考试，从中筛选出成绩较好的学生在二上（第三学期）参加四级考试，最后剩下的学生在二下（第四学期）参加四级考试，本研究的参与者属于这一类。

有必要介绍一下参与者平时的课堂表现。研究者是这个班的任课教师，在平时授课中发现，每次课堂提问，无论教师如何启发引导学生，几乎没有一个学生主动举手回答问题。经课下交谈得知，少数学生是心里知道答案但是不愿意主动站出来回答问题，绝大多数学生是认为自己英语表达能力差，担心说不好而不敢说。因此，这个班的学生在以讲授法为主的课堂上非常被动，课堂气氛沉闷，很多学生显得胆怯害羞，对自己的英语水平非常不自信。

基本的研究设计是：对参与者主要以课堂讨论的形式进行课文教学，考察教学效果。课文材料来自《全新版大学英语读写教程》，"Learning, Chinese style"，作者是 Howard Gardner。这篇课文通过讲述作者夫妇在中国某宾馆入住时经历的一个小事件，即他们的幼子无法将钥匙顺利插入锁孔时一般中国人与美国人采取的不同方法，反思中美在教育方法上的差异及背后的文化含义。这篇文章采用了文化比较的方法，本身包含非常丰富的跨文化学习内容。因此，研究者采用了开放式讨论设计。

语料收集来自 2016 年 4 月 26 日的课堂教学，每课时 40 分钟，持续时间 2 课时，全程录音。

研究步骤是：首先把课文材料发给学生。研究者没有提前发送材料是为了确保每个学生对待材料有同等的状态，都比较新鲜（防止出现有人预习有人不预习的情况）。因为研究者的着眼点是让学生关注文章的意思，淡化语言知识，因此对于课文里的语言难点只做简单处理。为了让学生完全看懂，研究者快速地把所有可能的生词和短语的意思做了解释，必要时干脆用中文解释意思。然后，把学生分成 4 人一组，进行小组讨论，并告知学生如何进行小组讨论，如每组选一个组长，还要有人负责记录大家观点。另外，告诉学生可以讨论任何有关文章内容的问题，尤其是他们认为的难点或感兴趣的地方，尽量不涉及文章中的语言问题；讨论完后每组出一名代表进行小组汇报。然后，学生进行小组讨论。研究者观察和记录学生讨论的情况。学生讨论完之后，研究者组织学生进行小组汇报。最后，研究者让所有参与者撰写反思日志并回收日志。具体的操作流程及所花时间如下：

表 2　课堂教学基本步骤

课时	教学步骤
1	1）发送材料给学生（3 分钟）； 2）简单解释生词，短语的意思（20 分钟）； 3）组织学生分小组（4 人）讨论课文内容，特别是难点（17 分钟）
2	1）学生继续讨论（8 分钟）； 2）各组汇报讨论结果（20 分钟）； 3）让学生撰写反思日志（中英文皆可）（12 分钟）； 4）回收日志（1 分钟，占用课间时间）

4. 数据分析

　　本研究共收集到 3 类数据：课堂教学录音；学生课堂讨论观察记录表；学生撰写的 28 份反思日志（5 份中文，23 份英文）。依据课堂教学录音，研究者记录了每项课堂活动所占用的时间，并且重温了学生的小组汇报并记录心得。就 28 份学生反思日志，研究者做了话语分析，提炼观点，分类整理。然后，联系已有的跨文化能力模型进行归类。目前，学术界对于跨文化交际能力有不同的定义，比较一致的意见是跨文化交际能力由态度、知识、技能和批判性的文化意识（Byram，1997）组成。孙有中（2016）针对我国学生提出的跨文化交际能力模型由 5 个方面构成：一、尊重世界文化多样性，具有跨文化同理心和批判性文化意识；二、掌握基本的跨文化理论知识和基本的分析方法；三是熟悉所学语言对象国的历史和现状，理解中外文化的基本特点和异同；四是能对不同文化现象、文本和制品进行阐释和评价；五是能得体和有效地进行跨文化沟通。该模型既参考了 Byram 等人的模型同时也结合了我国外语人才的培养实际。必须指出，该模型的五个能力要素是长期培养的结果，而单次课堂教学（如本研究中的课堂讨论），可能只涉及一个或多个跨文化交际能力子项目，所起的作用也有限。本研究依据 Byram 和孙有中的跨文化交际能力模型进行归类。

5. 结果与讨论

本研究有如下几个方面的发现：

第一，据课堂观察笔记，课堂讨论过程中和讨论后的小组汇报情况良好。讨论中，所有学生都积极地参与讨论，绝大部分学生使用英语交流，仅有个别人使用中文较多，没有出现个别人玩手机或者做与讨论无关的事。在小组汇报环节，各组的代表发言都很踊跃，不需要研究者引导或提示。所有的代表都自觉地使用英语发言，而且表达比较流利。这个结果与平时讲授偏多的课堂里学生消极被动的表现形成鲜明对比。就学生使用英语交流的覆盖面和效果来说，课堂讨论无疑锻炼了学生的跨文化交际能力。那么，为什么会出现这个效果呢？

笔者认为最主要的原因或许有两个。首先，采用开放式讨论，学生可以自主选择讨论的话题，能够调动学生参与的积极性，因为有时候教师给学生规定的讨论题，并非适用于所有学生，太难太易或学生不感兴趣都可能影响讨论效果。根据建构主义学习理论，学习是一个积极的知识建构过程。维果茨基的最近发展区理论认为，只有解决每个学生真正的认知盲点和难点，他们的认知才能发展。与其教师给学生划定哪些是难点，不如让他们自己去探索，而教师只在一旁观察，当需要时提供帮助。就这 28 名参与者来说，开放式讨论或许非常适合他们。其次，与同伴讨论，让这些在讲授式课堂显得胆小内向的参与者非常放松，缓解了语言学习焦虑，所以，他们愿意参与。充足的思考和准备时间，让他们在最后小组汇报时感到压力减少，而且，每个代表都知道自己是在代表全组发言，有助于保护个人自尊，自信心增强，这是小组汇报取得成功的重要原因。

第二，如果仅以学生撰写的反思日志为依据，不考虑在观点表达上的不当之处，那么，所有的参与者都表现出了对课文意思的正确理解。下面仅举一例说明：

"In my opinion, however, I believe both China and west education have advantages. We couldn't say no to each of them. We should stay rational to face the ways of teaching. It may be essential to strike a better balance between the poles of creativity and basic skills. Only in this way, we can give students a better learning environment."

— 王冰 [1]

在 28 名参与者事先未经任何预习，研究者只是简单把语言难点讲解一下的情况下，经过了小组讨论、小组汇报和个人反思后，就可以做到对课文内容基本理解，能够使用自己的语言进行恰当的阐释，这个结果充分说明了课堂讨论在促进学生知识建构和认知能力发展方面的作用。而认知能力发展，能够促进跨文化

---

[1] 本研究中所有参与者均使用化名。

交际能力发展。

第三，从学生的反思日志中，可以发现他们部分地表现出跨文化交际能力，具体见下表：

表3 参与者跨文化交际能力表现汇总表

跨文化交际能力子项目	话语表现	学生人数
开放包容的态度 阐释和评价能力	"Laying too much stress on one side is extreme, so gathering two advantages from Chinese and American culture and keep a balance is better to be a perfect man." ——朱平 "And American education lays emphasis on students' creativity, our country education also has some rationality and advantages. For example, in a documentary I saw in the past, the staff in BBC divided American（此处有误，应为英国学生，她下面引用了BBC教育宣传片的案例）students into two groups…" ——孙佳维 "在我看来，中国教育与美国教育的区别就在于中国教育严谨，而美国教育自由。如果能做到中美两种教育方式的融合借鉴才是最重要的，但互相融合过程中要分清主次，才能更有利于孩子成长。" ——许文	28
批判性文化意识	"I think the author's idea is very good. But it also very difficult to come true. Of course, we should to find a way, striking a better balance between the poles of creativity and basic skills. It just a good idea. A lot of things affect education, such as national development level, economic level, cultural tradition. 要达成 creativity 和 basic skills 两者之间的平衡，需要从更深的层次去寻找原因，也需要根据不同国家的情况因地制宜。Creativity 和 basic skills 只是两座教育体系的冰山中浮出水面的一小部分而已。" ——于明 "文章中'探索'和'技能'应同时培养的观点是可取的。然而文章中所举事例不能佐证'中国注重技能''美国注重探索'的观点。诚然事例中人们的行为都是其教育观念的缩影，但以一件事例来断言一国教育系统未免粗暴。"——孟青	2

毋庸置疑，上表反映的跨文化能力与每个学生平时的知识积累和认知模式有很大关系，但也不应忽视课堂讨论、小组汇报、个人反思这几个环节形成的集体认知和个人互动造成的合力影响了学生。如果仅有课堂讨论而缺少小组汇报或者个人反思，交流的广度和深度都会受到一定影响。正是因为这是一个完整的深入思考和集体求知的链条，学生的思考得到最大限度的激发，思维能力得到锻炼，原有的知识储备被激活，在短短的 2 课时的学习过程中，学习成果显著。

6. 结论

本研究证明，课堂讨论能够促进学生跨文化交际能力发展，是有效的跨文化教学模式。课堂讨论中，参与者使用英语交际的意愿增强，交际行为发生；学习热情被激发；在与同伴讨论，聆听小组汇报和个人反思中实现了认知能力的发展，跨文化交际能力得到锻炼和提高。

应该指出，就外语课文教学来说，教师可以挖掘一些具有跨文化意义的知识点，通过提问题（即设计封闭式讨论）的方式引起学生注意，引导学生关注，这对于跨文化教学是必不可少的。而在本研究中，研究者采用开放式讨论设计，并未设计具体问题刻意引导学生，目的是想获得学生最真实最自然的认知数据便于研究。但是在真实教学中，教师可以依据需要灵活运用这两种讨论模式。

另外，作为完整的跨文化教学，本研究的一个不足是，教师的作用稍显弱化，而学生之间的交流比较充分。实际上，学生撰写完反思日志后，教师应当设计师生互动这个环节，继续完成师生之间的跨文化对话，比如，根据学生小组汇报出现的问题或不足给予反馈或者引导学生关注他们忽略的跨文化知识点，从更高层次上引导学生完成跨文化学习，即把封闭式讨论与开放式讨论结合起来。

要发挥课堂讨论在培养学生跨文化能力方面的最大功效，今后研究者可以在讨论的内容、方式、组织和管理方面进行横向或纵向的研究，比如提问、分组、激发学生讨论的热情、引导学生锻炼思辨能力和语言表达能力等方面着力以推动我国的跨文化教学。

参考文献

A statement by Michael Scriven & Richard Paul, presented at the 8th Annual International Conference on Critical Thinking and Education Reform, Summer 1987. Retrieved March 5, 2016 from: http: //www.criticalthinking.org/pages/defining-critical-thinking/766.

Byram, M. (1997). *Teaching and Assessing Intercultural Communicative Competence.* Clevedon: Multilingual Matters.

Kim, Y.Y. & Gudykunst, W.B. (1988). Theories in Intercultural Communication. In Kim, Y.Y. & Gudykunst, W.B. (Eds.). *International and Intercultural Communication Annual Volume* XII (pp. 437-42). New York: Sage Publications, Inc.

李有贵．(2015)．高职高专讨论式英语课堂教学模式研究．上海理工大学学报（社会科学版），37 (2): 184-189.

孙有中．(2011)．突出思辨能力培养，将英语专业教学改革引向深入．中国外语，8 (3): 49-58.

孙有中．(2016)．外语教育与跨文化能力培养．中国外语，13 (3): 17-22.

张红玲．(2008)．跨文化外语教学．上海：上海外语教育出版社．

朱志勇，刘建青，胡荣欣．(2005)．英语教学中"讨论式"教学方法探析．河北北方学院学报，21 (4): 70-72.

跨文化视阈下对比修辞理论在大学一年级英语写作教学中的应用

王红欣

北京外国语大学

摘要：本文从跨文化教育的视角出发，探讨了在将对比修辞理论应用于大学一年级英语写作教学的过程中所涉及的具体问题，包括系列课程设置、具体课程内容设计、课程理论指导体系、课程具体教学目标、课内外教学活动安排。此外，本文利用校本评估数据对教学实践效果进行了总结、分析和反思，提出了将对比修辞理论与语言的输入、输出理论相结合的大学一年级英语写作教学的新思路。

关键词：对比修辞；英语写作教学；语言输入；语言输出

写作是人际沟通交流的重要方式，而二语学习者在学习运用第二语言进行写作时，实际上也是在学习进行跨文化交流。对于二语写作研究者而言，二语写作教学研究中的一个重要领域就是跨文化研究。从二语写作教学研究发展史的角度而言，将二语写作教学的文本与跨文化因素相结合进行研究始于 20 世纪 60 年代的美国。

1. 跨文化教育中对比修辞理论的起源与发展

1.1 卡普兰的对比修辞理论

1966 年，美国语言学家罗伯特·卡普兰（R. B. Kaplan）发表了论文《跨文化教育中的文化思维模式》，提出了二语写作研究领域的一个具有划时代意义的理论——对比修辞理论（Contrastive Rhetoric）。卡普兰认为，每种语言和文化中语言的修辞都具有独特性，不同文化中的不同语言影响着语言使用者的思维方式，逻辑是修辞的基础，而逻辑又是文化的产物。卡普兰研究了 600 篇不同文化背景学生的英语作文，归纳出了不同的修辞模式，即英语中直线模式、东方语言的螺旋模式、闪族语言的平行模式、俄语的偏离模式、罗曼语言的拐弯模式。

卡普兰（1966：14）指出，"不同的语言和文化中的段落内部顺序是独特的，学习特定语言的一部分任务就是要掌握语言中的逻辑体系"。卡普兰的对比修辞理论意味着，由于学习者第一语言与第二语言在语篇层面存在区别，这就会给正在力图掌握二语语篇模式的学习者造成困难，即所谓的语言的负迁移。

卡普兰的对比修辞理论对于二语教学，尤其是二语写作教学具有重要意义。在 1988 年的一篇论文中卡普兰强调（278），对比修辞最初所指向的是教学。"目的……是寻求英语与某种外语之间的简洁、明确的区别。在美国高等教育具体条件的限制下，其他语言使用者试图学会有效使用书面英语，要在规范的一两学期内解决这些学生所遭遇到的写作问题，就需要一些教学方法，而对英语和其他语言进行简明的区别，就为这些教学方法打下了基础"。卡普兰的对比修辞理论主要关注形式，即英语中的段落或更长一些的文本是如何组织的。

卡普兰研究对比修辞的动机在于教学法。正如卡普兰（1988：277）所指出的："主要目的是要找到解决目前教学法方面问题的办法"。卡普兰在其所任教的美国大学里发现，本科学生的英语论文中存在着许多不符合本族语习惯的篇章组织形式，因此希望帮助教师设计内容和教学材料，以使学生根据本族语使用者所预期的常规来进行写作，特别是在段落层面。卡普兰认为，了解一语与二语之间的差别，可以帮助学者和教师解释为什么二语学习者在试图以本族语所能接受的方式组织自己的写作内容时会遭遇困难。

1.2 卡普兰之后对比修辞理论的发展

卡普兰之后，对比修辞最热诚的支持者是 Ulla Connor。她认为，对比文本分析对于研究和教学都具有价值，因此她召集了美国、欧洲的研究者参与到多语言研究项目中去。与卡普兰的研究不同的是，她将研究地点从学校的课堂教学转移到了课堂教学以外。她（1997：202）指出英语的本族语使用者与将英语作为第二语言学习者的写作成品的差别"来源于除语言、修辞、认知之外的许多因素，如学校教育和写作教学"。

Connor（1997）认为对比修辞大有可为，值得二语写作研究者关注。Connor 指出，对比修辞研究中呈现出了许多新方向，而这些新的研究方向可以帮助对比修辞研究摆脱种族中心论和简化论的批判，进而帮助二语写作教师理解为何学生在二语写作学习中会遭遇困难。这些新的研究方向包括：对比篇章语言学、翻译研究、课堂研究、融合本地情境和相似体裁的研究、一语读写能力的研究，以及相关心理学、人类学、语言学方面的研究。

此后，Matsuda（1997）和 Leki（1997）的研究都进一步推动了对比修辞理论的进步。Matsuda 认为，对比修辞将二语写作问题基本视为一语修辞模式到二语写作的负迁移，而这种观点产生的结果是一种二语写作的静态模式，即写作所处的唯一环境以及对于写作产生影响的唯一因素就是读者的语言、教育、文化背景。这种观点否定了作者的主动性，而作者的主动性是发生在真实的写作情境中的活跃而复杂的决策过程。因此 Matsuda 认为，在对比修辞应用于教学实践的过程中，"背景"的概念应该得到拓展，背景应该包括作者与读者的个人语言特征差别、社会经济阶层、话题知识、过往写作经历、在多个一语和二语话语团体中的身份。（Matsuda，1997：53）

Leki（1997：236）认为，修辞模式的选择与思维模式并无关系，修辞模式是"基于社会、政治、修辞的背景和历史而做出的选择"。Leki 指出，必须教会学生在学习写作的过程中能达到二语文化读者的预期。她强调指出，重要的一点在于，教师和学生虽然不一定必须了解不同修辞类型的细节，但必须认识到不同修辞类型的存在。这种认识不一定会促进写作水平的提升，但却可以帮助学生意识到，自身的写作问题并非是来源于个人的缺陷。（Leki，1991：138）

1.3 对比修辞理论指导下二语写作的教学目标

对比修辞的发展一直将二语写作教学置于研究的中心地位。20 世纪 90 年代末，卡普兰与 Grabe（1996：200）总结、规划出了二语写作教学课堂中，对比修辞理论应该予以重点关注的七个方面：（1）了解不同篇章组织的修辞模式，即使学生理解如何进行说明、议论、分类与归纳、下定义，并知晓不同篇章组织模式的使用频率；（2）了解创作文本所需的写作常规和策略，如写前准备、数据搜集、修改；（3）了解目的语的形态句法学，特别要掌握句与句之间的形态句法学知识；（4）了解目的语中的连贯衔接机制；（5）了解目的语写作中的常规，即各文本使用频率、类型以及文本样式，如信函、论文和报告；（6）了解目标文化中的读者特点及读者期待；（7）了解待讨论的主题，包括目标文化中"人所共知的知识"及专门知识。简而言之，二语写作的最终目标就是要让学生能够理解和掌握区别于母语写作的修辞模式、写作流程、词法句法知识、连贯衔接机制、不同文本样式、读者意识、主题知识。

2. 对比修辞理论在大学一年级英语写作教学中的应用

2.1 对比修辞理论指导下的大学一年级英语写作教学实践

北京外国语大学专用英语学院从 2015 年秋季学期开始对于英语写作课程进行改革。将原来只为二年级学生开设的两学期的英语写作课改为从大学一年级开始开设，连续开设两年，共 4 个学期。同时，将原来笼统的英语写作课分解为大学一年级上学期的基础写作课、大学一年级下学期的分析性写作课、大学二年级上学期的实用写作课和大学二年级下学期的学术写作课。基础写作是英语写作的入门课程。课程通过重点作文类型讲解、专项写作技能操练、例文解析等多种途径，解析英语段落写作的特点、类型、构篇机制和创作方法，目的是指导学生写出内容充实、主旨明确、逻辑层次分明、语言准确、统一性和连贯性兼备的英语段落。除记叙文和描写文以外，课程所涉及主要段落写作类型包括例证说明文、过程说明文、因果分析说明文、比较与对比说明文、分类与归纳说明文、英文提纲与摘要。英语分析性写作是继基础写作课程之后的写作能力提升课程。课程着力培养学生在英语写作过程中审题、构思、提纲、修辞、表达、批判思维等能力。课程重点涵盖英语写作中的两大类型：说明文与议论文，旨在指导学生通过综合运用例证法、过程分析法、因果分析法、比较与对比分析法、分类与归纳法、定义法等英语写作策略，对写作主题进行深入解析和论证，最终创作出内容充实、主旨明确、逻辑层次分明、语言准确、统一性和连贯性兼备的英语文章。

在一年级的基础写作和分析性写作阶段，基于对比修辞理论，选择采用美国英语写作教学权威专家 John Langan 教授编写的 *Exploring Writing: Paragraphs and Essays* 和 *College Writing Skills with Readings*。在 Langan 写作系列教材中贯彻始终的最重要的英文写作原则就是他所概括的"论点 + 论据"（Point and Support）。Langan（2010，2014）在两本教材中都重点提到一条英文写作的基本原则就是，在写作中提出任何观点时，都必须用具体的原因和细节加以支撑。无论是在段落写作还是在短文写作中，都必须贯彻"论点 + 论据"的基本原则。而 Langan 的教材用丰富的例文证明，进行英文写作时，需要遵循三个基本步骤：第一，提出主论点，点明主旨句；第二，提出若干分论，用来解释、例证主论点；第三，用具体细节、例子来点支持每个分论点。Langan 认为，衡量优质英语写作有四大标准，即统一、连贯、充分的论据和准确流畅的语言。

Langan 的写作教学理论指导体系继承了卡普兰的衣钵。早在最初提出对比修辞理论之时，卡普兰（1966）就指出英语直线型的思维模式在英语段落中的体现。卡普兰指出，英语的论说型段落通常以主旨句为开端，由若干个分论点支撑，而分论点亦有相应的具体例证支撑。进而，每个段落的主旨句与短文中其他各段的主旨句观点相联系，各段的主旨句共同来证明或者阐明某个话题。卡普兰同时还强调了段落内部和文章内部统一和连贯的重要性。

作为培养学生跨文化能力的一门重点课程，北京外国语大学专用英语学院为大学一年级学生开设的英语写作课的总体教学目标包括六个方面：第一，使学生了解写作背景，包括写作目的（Purpose）、目标读者（Audience）和语体风格（Voice）。第二，使学生熟悉写作过程。英文的写作背景通常包括写前准备（构思、拟提纲）、写作初稿、修改和检查（排版、拼写或其他疏漏）。第三，熟练掌握英语中基本体裁的写作方法，如记叙文、描写文、说明文、议论文。第四，理解并可以积极运用优质写作的评判标准，即内容充实，篇章统一、连贯。第五，关注二语学习者写作语言的准确性，纠正语言错误，如：冠词用法、主谓一致、残缺句、粘连句、误置修饰语、悬置修饰语等等。第六，培养简洁、明了、具体、生动的英语语言写作风格。将我们的教学目标与上文提到的 Grabe 与 Kaplan 的对比修辞理论指导下的二语写作教学目标加以对照，可以发现二者基本是不谋而合。但是，在不断更新发展的对比修辞理论的指导下，我们所拟定的教学目标融合了我们对于学生的语言特点、写作经验、文化背景的观察和思考。两套教学目标的核心内容列表如下，仅供对比。

Grabe 与 Kaplan 对比修辞理论中提出的教学目标	北京外国语大学专用英语学院一年级写作课教学目标
1. 修辞模式	1. 写作背景
2. 写作流程	2. 写作过程
3. 词法句法知识	3. 基本体裁的写作方法
4. 连贯衔接机制	4. 优质写作评判标准
5. 不同文本样式	5. 准确的写作语言
6. 读者意识	6. 语言风格
7. 主题知识	

为达到我们的教学目的，从学年之初，我们即以 Langan 教授提出的段落中的"论点＋论据"系统为核心教学内容，向学生进行阐释、讲解、例示，以期学生能够形成对比修辞的观念，逐渐在英语写作过程中从自己熟悉的母语思维逻辑向英语思维逻辑过渡。为达到教学目的，我们设计了多种写作课内外的教学活动，归纳起来包括以下五个方面：

大学一年级英语写作教学课内外教学活动汇总	
一、课堂讨论：	四、写作评估与反馈：
1. 就特定作文题目开展自由讨论	1. 学生对写作成果进行一对一同伴评估
2. 就特定主题句的例证和展开进行自由讨论	2. 教师对学生的写作成果的得与失进行总结性反馈
3. 就特定观点的例证进行讨论	3. 教师回答学生就教师评语所提出的问题
4. 就课堂阅读的例文结构进行课堂讨论	4. 教师就学生的口头作文进行口头反馈
5. 就不同作文题目进行分组讨论	5. 学生在小组内进行写作成果交流和评估
二、课堂口头作文任务：	6. 教师带领学生对某位学生的作文进行集体阅读和评价
1. 个人口头作文	
2. 集体分工口头作文	
3. 学生对个人写作成果进行口头报告	

（待续）

（续表）

大学一年级英语写作教学课内外教学活动汇总	
三、课堂动笔写作任务：	五、课后活动：
1. 修改病句	1. 写日记
2. 拟提纲	2. 课后写作作业
3. 进行句子释义练习	3. 根据教师的打分和评语修改作文
4. 根据例文写摘要	4. 课后阅读
5. 限时写作	5. 根据课后阅读材料进行写作

2.2 对于对比修辞理论指导下大学一年级英语写作教学的校本评估

为评估我们教学效果，2015 至 2016 学年，我们依托北京市教育教学改革立项《大学英语课程校本评估：创新评估模式与评估方法的应用研究》，对专用英语学院大学一年级写作课进行了校本评估，相关数据、结果总结如下：

2.2.1 关于写作课的难度

有 61.3% 的学生回答北外专用英语学院面向一年级学生所开设的写作课所难度一般，有 27.9% 的学生认为比较难，有 0.9% 的学生认为非常难。从这个统计数字可以看出，写作课的难度还是比较适中的，这种以对比修辞理论为指导、从段落写作入手、逐渐过渡到完整的文章写作适应学生的水平和能力。但同时，这门写作课对于学生还是具有挑战性的，这种挑战性可以激发学生的学习动力。

Q2__难度__写作

		Frequency	Percent	Valid Percent	Cumulative Percent
Valid	非常简单	3	.9	.9	.9
	比较简单	31	9.0	9.0	9.9
	难度一般	211	61.3	61.3	71.2
	比较难	96	27.9	27.9	99.1
	非常难	3	.9	.9	100.0
	Total	344	100.0	100.0	

2.2.2 关于写作课的强度

有 54.1% 的学生回答强度一般，而总计有 18.3% 的学生认为写作课是轻松的，有 27.6 的学生认为写作课还是具有相当的难度的。由此可以看出，写作课的强度还是比较合理的。如果强度过大，学生对课程的兴趣减少、态度消极，不利于课程的学习。如果强度过小，会导致学生轻视课程的价值，甚至敷衍了事。将写作课的强度调节至中等，会使学生一方面保持学习的兴趣，另一方面寻找到积极学习的动力。

Q3__强度__写作

		Frequency	Percent	Valid Percent	Cumulative Percent
Valid	非常轻松	8	2.3	2.3	2.3
	比较轻松	55	16.0	16.0	18.3
	强度一般	186	54.1	54.1	72.4
	比较繁重	86	25.0	25.0	97.4
	非常繁重	9	2.6	2.6	100.0
	Total	344	100.0	100.0	

2.2.3 关于写作课的课时量

从关于写作课的课时量的反馈来看，有70.1%的同学认为课时量是合适的，有22.3%的同学认为写作的课时较少或过少。由此来看，我们的写作课课时量安排基本合理，但是一个非常强烈的信号是，有相当一部分学生通过学习意识到了英语写作能力的重要性，因此希望能够增加写作课的课时量设置。

Q5__课时量__写作

		Frequency	Percent	Valid Percent	Cumulative Percent
Valid	过少	6	1.7	1.7	1.7
	较少	71	20.6	20.6	22.3
	合适	241	70.1	70.1	92.4
	较多	12	3.5	3.5	95.9
	过多	10	2.9	2.9	98.8
Invalid		4	1.2	1.2	100.0
		344	100.0	100.0	

2.2.4 书面写作提高

有95.6%的学生认可自己在该学年内书面写作能力得到提高，其中有47.1%的学生认为自己的书面写作水平有中等程度的提高，认为自己有较大和极大提高的人占26.7%。学生的自评结果证明了学生对于在这门课上所学所得是高度肯定的。在口语、写作、听力、阅读四个基本技能提高程度的横向对比中，可以看出，学生最认可的也是书面写作能力的提高。

Q7__书面写作提高

		Frequency	Percent	Valid Percent	Cumulative Percent
Valid	没有提高	15	4.4	4.4	4.4
	少量提高	75	21.8	21.8	26.2
	有些提高	162	47.1	47.1	73.3
	较大提高	86	25.0	25.0	98.3
	极大提高	6	1.7	1.7	100.0
	Total	344	100.0	100.0	

Descriptive Statistics

	N	Mean	Std. Deviation
Q7__口头表达提高	344	2.88	.907
Q7__书面写作提高	344	2.98	.845
Q7__英语听力提高	344	2.91	.833
Q7__阅读理解提高	344	2.78	.867
Valid N (listwise)	344		

3. 总结与反思

3.1 对比修辞理论与语言的输入、输出理论相结合

对比修辞理论着重讨论的是二语写作中所体现出的文化差异、思维模式、逻辑差异、语篇特点差异等等，而这些特点基本上又都是抽象的。我们在二语写作中遇到的最大的问题就是，如何将抽象的对比修辞理论有机地与我们的教学实践相结合，进而让学生理解、吸收和积极运用。我们摸索出的比较可行的思路就是，将对比修辞理论与语言的输入、输出理论相结合运用于大学一年级英语写作课程之中，将提高学生英语写作的流利度作为首要目标，最终实现学生英文写作水平的全面提高。

20 世纪 80 年代，美国语言学家 Krashen（1982，1985）提出了"语言输入假说"（Input Hypothesis）。他提出要对学生进行"可理解的输入"（Comprehensible Input），给学生提供略高于他们目前语言水平的相关的、有趣的、多样的材料，

以优质的语言输入促进学生对语言的内化和习得。近年来，美国学者 VanPatten（1993a，1993b）和 Gass（1994）也相继对"语言输入假说"进行了修改和更新，他们认为，学习者在学习过程会对输入的信息进行记忆、储存、加工、整合，使自己原有的知识与新加工的知识重新整合，使整个信息集发生质的变化，从而完全掌握新的语言知识。如果实践得多，他们对语言形式的控制就会由有意转为无意，从而在大脑内形成自动驾驭语言的机制，实现交际功能。

同样是在 20 世纪 80 年代，加拿大的语言学家 Swain（1985）提出了语言学习者的"输出假设"，提出以"可理解的输出"（Comprehensible Output）来促进语言学习，即促使语言学习者认识到自身语言知识的不足，推动语言学习者对新的语言知识的巩固，反思语言学习者的语言学习过程。2008 年，中国外语教育教学的领军人物文秋芳教授提出了著名的"输出驱动假设"，为中国大学的英语技能课改革发展指明了方向。文秋芳教授的"输出驱动假设"指出，"输出驱动"的外语教学符合外语学习者的心理需求，适应社会职场的需求，符合外语教学的需求。

3.2 实践中的问题与创新

在我们以往的大学一年级写作课上存在一些问题。首先，学生在写作课上写作输出量不足。有必要通过大量优质的输入和持续的输出练习，使学生在写作水平上有质的飞越。其次，学生在英语写作学习过程中缺乏自主学习能力。写作是一门以实践技能操练为主的课程。而在实际教学中，我们发现学生的写作练习量严重不足。学生操练写作的动机、信心不够强，懒于动笔，缺乏长期持续练习写作的毅力，没有英文练笔的习惯。因此，需要逐渐培养学生的自主学习能力，养成学生良好的书面表达习惯。最后，未能找到寻求评估学生写作的有效的新形式、新方法。写作成果评估是写作教学中的一个重要环节。面对学生的大量写作输出练笔，写作教师需要找到有效的评估方式和工具，为学生提供优质、及时的反馈，以对学生的写作实践产生正向的激励。

因此，要使抽象的对比修辞理论被学生消化、理解、积极运用，大学一年级英语写作课教师需要在实践教学中扭转一些错误观念。第一，不应该因为是写作课，就不重视"读"，要输入、输出并重，读写结合，以优质、深刻的阅读促进写作，以独立、探究的写作反思阅读，在阅读中逐渐形成对比修辞观。第二，不应当低估学生的书面产出能力，应该大幅提升每周写作任务量的要求，培养流利度，以流利度引领准确度和复杂度的培养，最终实现学生英语写作水平在流利度、准确度和复杂度三个维度上的进步。以大量的输出积累，夯实学生对于对比修辞理论的理解。第三，不应当以批改量过大为理由而不敢增加学生每周的写作任务量，应该积极探索针对学生写作的多种评估反馈形式。第四，不应当单纯把写作课视为是语言技能课，而应通过写作课的改革创新，使学生形成终身学习、自主学习、探究式学习的学习习惯。

要将对比修辞理论深入贯彻到大学一年级英语写作课中，需要进一步在教学实践中进行创新改革，创新教学模式。过去我们的大学英语写作课缺少结合阅读输入与写作输出的任务设计。而且将语言的输入、输出理论结合到一起，通过优质阅读输入，引领优质写作输出。优质的阅读输入开拓学生的视野，刺激学生的批判思维，丰富学生的写作内容。在此过程之中，学生会自然地、直接地面对英汉写作中体现出的文化差异、思维模式、逻辑差异、语篇特点差异，才会对对比修辞理论有深刻的理解。创新学习模式要培养大学一年级学生的自主学习能力，要提高学生的写作技能，不能以教师的授课和评价为中心，而应以学生的独立思考、自主写作、学生之间的互助学习为基础在课堂内外建设一个人人参与的写作共同体，学生们互相交流、互相学习、共同进步。关于创新写作成果评价方式，过去我们的写作课程过度依赖教师评价。教师评价固然是重要的，但是个人评价、同伴评估、集体交流更为重要。培养学生对于写作成品的评估和评价能力应该成为写作课的目标之一，并以此来促进学生积极思考，反思和批判。

对比分析理论关注教学，可以帮助二语写作教师和学生理解并解决在二语写作教与学过程中所遭遇的困难。并且，对比分析理论的新发展也昭示了跨文化视阈中的二语写作教学的新动向，即要关注本地情境，将一语与二语读写能力相关联，研究作者背景，重视作者的主动性。对比分析理论大有可为。

参考文献

Connor, U. (1996). *Contrastive Rhetoric: Cross-Cultural Aspects of Second Language Writing*. Cambridge: Cambridge University Press.

Connor, U. (1997). Contrastive Rhetoric: Implications for Teachers of Writing in Multicultural Classrooms.In C. Severino, J. C. Guerra & J. E. Butler (Eds.), *Writing in Multicultural Settings* (198-208). New York: Modern Language Association.

Gass, S. & Selinker, L. (1994). *Second Language Acquisition: An Introductory Course*. New Jersey: Lawrence Erlbaum Associates, Publishers.

Grabe, W. & Kaplan, R. B. (1996). *Theory and Practice of Writing*. New York: Longman.

Kaplan, R. B. (1966). Cultural Thought Patterns in Inter-Cultural Education. *Language Learning,* 16: 1-20.

Kaplan, R. B. (1988). Contrastive Rhetoric and Second Language Learning: Notes Toward a Theory of Contrastive Rhetoric. In A. C. Purves (ed.), *Writing Across Language and Cultures: Issues in Contrastive Rhetoric* (275-304). Newbury Park, CA: Sage.

Krashen, S. D. (1982). *Principles and Practice in Second Language Acquisition*. New York: Pergamon Press.

Krashen, S. D. (1985). *The Input Hypothesis: Issues and Implications*. London: Longman.

Langan, J. (2010). *Exploring Writing: Paragraphs and Essays*. New York: McGraw-Hill.

Langan, J. (2014). College Writing Skills with Readings. Beijing: Foreign Language Teaching and Research Press.

Leki, I. (1991). Twenty-Five Years of Contrastive Rhetoric: Text Analysis and Writing Pedagogies. *TESOL Quarterly,* 25: 123-143.

Leki, I. (1997). Cross-Talk: ESL Issues and Contrastive Rhetoric. In C. Severino, J. C. Guerra, & J. E. Butler (Eds.), *Writing in Multicultural Settings* (pp. 234-244). New York: Modern Language Association.

Matsuda, P. K. (1997). Contrastive Rhetoric in Context: A Dynamic Model of L2 Writing. *Journal of Second Language Writing,* 6: 45-60.

Swain, M. (1985). Communicative Competence: Some Roles of Comprehensible Input and Comprehensible Output in Its Development. In Gass S. & Madden C. (Eds.) *Input in Second Language Acquisition* (235-253). Rowley, Mass: Newbury House.

VanPatten, B. & Cadierno, T. (1993a). Explicit Instruction and Input Processing. *Studies in Second Language Acquisition,* 15 (2): 225-243.

Va Patten, B. & Cadierno, T. (1993b). Input Processing and Second Language Acquisition: A Role for Instruction. *The Modern Language Journal,* 77: 45-57.

文秋芳 . (2008). 输出驱动假设与英语专业技能课程改革 . 外语界 , 2: 2-9.

论大学英语阅读课程中的跨文化交际能力培养
——以《现代大学英语》第四册（杨立民主编）为例

宋 楠

北京外国语大学

摘要： 由于语言和文化密不可分的关系，在跨文化交际中发生碰撞的不仅是两种语言，还有语言所代表的不同文化，以及理解和表述现实世界的不同方式。在大学英语阅读的课堂上，学生阅读理解的主要障碍目前已不仅仅存在于语言本身，文化背景知识已经成为影响学生阅读理解的一个重要因素。本文将以《现代大学英语》（杨立民主编，外研社，2012 版）第四册为例，探讨如何通过不同的教学方式，通过语言和文化的有机结合，多方位地进行英语国家相关社会文化知识的导入，以提高大学英语课堂上学生的阅读理解能力，同时增强他们的文化差异敏感度，增加其处理跨文化交际障碍的灵活性，从而培养高水平的跨文化交际人才。

关键词： 跨文化交际；语言；文化差异；全球化；大学英语阅读

引言

在全球化浪潮的冲击下，大学英语教学在习得英语语言的基础之上，已经将跨文化交际能力培养作为一个重要的要求和目标。仅仅将语言看成一种符号系统，把阅读课的教学局限于语音、语法和词汇三个部分已经不能满足目前大学英语阅读课堂的需要。语言和文化密不可分，语言是文化的载体和表达符号，文化是语言的基石和内容。目前许多大学英语教材中课文题材广泛，信息含量大；若没有充足的西方文化知识的支撑，学生在阅读英文文章时往往出现理解的偏差，无法准确地领会作者的表达意图，从而产生跨文化阅读的交流障碍。

1. 跨文化交际能力内涵及其重要性分析

1.1 语言与文化的关系

随着全球化浪潮对于人类社会的冲击，随着世界经济和教育全球化的不断深入，来自不同文化的、使用不同语言的人与人之间、组织与组织之间、国家与国家之间处于前所未有的紧密依存关系。在此大环境下，跨文化交际已经成为一种非常普遍的现象，能否习得跨文化交际的能力，关系着对外交流能否顺畅进行。

语言与文化的关系密不可分，互相依存。"不存在没有语言的文化，也不存在没有文化的语言"（胡文仲，1999）。文化指的是一个社会的整个生活方式，是人类社会生活和精神生活所取得的成就的总和。它不仅包括文学艺术、哲学思想、政治历史，还包括一个社会的风俗习惯、家庭模式、行为规范，涵盖面广，渗透到人们生活的方方面面。语言就像一面镜子，清晰地反映了该语言的文化内涵；同样，语词的意义与实用惯例，也预先受到该团体的文化思想形态的牵制。不同的文化背景给人们带来了不同的传统习俗、价值观念、思维模式、评判标准，因而在跨文化交流中，这些不同对于人们所表达信息的编码、译码其至传递方式都造成比较大的障碍和困难，表现在人们说话行文方式不尽相同、行为习惯各异，交际中不可避免地会出现矛盾和冲突。

1.2 跨文化交际能力培养成为大学英语教学的主要目标之一

英语作为国际通用语已经成为世界各国人民以及众多国际组织交流的一个常用工具，随着英语的重要性得到普遍认可，大学英语教学就有了更高的目标和要求。胡文仲教授指出："语言的交际能力至少包括两方面的内容，一是要掌握语言的本身，也就是语音、语法、词汇；二是要知道在什么场合使用什么语言才合适。需要我们了解与语言相联系的语境。语境常常包括文化的内容"（2004）。Keesing（1975）的研究也显示，"文化知识"（cultural knowledge）与"语言知识"（language knowledge），其实是一体两面的。从语言可以了解一个人的文化背景；而要真正了解一种语言，也需要了解该语言所背负的文化。因此，学习一门外语的过程，也是对该国家文化背景知识了解和掌握的过程（李立贵，1998）。

大学英语授课面对的挑战是要让母语为汉语的非英语专业学生在母语文化背景下习得英语语言、了解英语文化，在此基础上能从容斡旋于两种语言和两种文字之间，从而实现跨文化的有效交际。在大学生中培养跨文化交际能力的重要性和迫切性使得大学英语需要在教学中突出语言和文化的有机结合。文秋芳（1999）认为，在外语教学中，不能将外语水平等同于交际能力，由于跨文化交际中存在文化差异，因此外语教学重点是要使学生具有处理文化差异的能力，提高对文化差异的敏感性、宽容性以及处理文化差异的灵活性。

《大学英语课程教学要求》指出："大学英语是以外语教学理论为指导，以英语语言知识与应用技能、跨文化交际和学习策略为主要内容，并集多种教学模式和教学手段为一体的教学体系"（教育部高等教育司，2007）。该要求明确将跨文化交际列为大学英语课程的"主要内容"之一。跨文化交际能力培养成为大学英语教学目标的重要维度使得大学英语教学不再只是专注语言知识和语言技能的传授和培养问题，语言交际能力和文化知识的培养成为跨文化交际能力培养的一个重要手段。这需要教师在大学英语课堂上实现语言教学与跨文化交际教学的有机融合。

1.3 在大学英语阅读课堂上提高跨文化交际能力的必要性

培养学生的阅读能力是大学英语教学大纲所规定的主要任务之一。阅读理解是读者对读物所进行的一种积极的思维过程，可以大致包括既互相联系又互相区别的两个层次：浅层次理解（字面理解 literal comprehension）和深层次理解（推理理解 inferential comprehension）。对于字面理解层次来说，其主要依赖于阅读者的词汇水平和语法能力；而对于推论理解层次来说，其常常涉及了解文章的文化背景（cultural context）和情景（situational context）、把握文章的深层次语义结构，甚至篇章的总结构。深入研究语言的社会文化因素，培养学生对所学语言的文化意识（cultural awareness）对提高学生的推论理解能力起着重要的作用。

而且，阅读是具有交际性和创造性的一种活动。Nuttall 在其著作 *Teaching Reading Skills in a Foreign Language* 中明确指出，阅读是一种交际过程（2002）。英语阅读过程是学习者通过阅读文字材料与作者之间进行的一种跨文化交流，不同的文化背景就可能使这种跨文化交际产生障碍，从而影响英语阅读教学的顺利进行。文本的作者在写作过程中，是在有意识地同他心目中的读者进行着一种间接的交际，是一种制码（encoding）的过程，作者试图通过他笔下的文字反映出他希望输出的讯息（message）。当读者来自于不同的语言和文化背景时，作者和读者的这种交流就是跨文化交际的过程。然而，文本作者试图表达的讯息是否能够被接收者（receiver）即文本的读者准确地接收并按照原意解读（decoding），则不仅取决于读者在词汇、语法方面的语言功底，而且取决于他们对于作者所处的文化的了解。正如李杰所说，"……理解课文的能力不仅取决于读者的语言知识，还取决于他们的一般常识，以及在阅读的思维过程中这些常识在多大程度上被调动起来"（1993）。这里的一般常识包括英语国家的价值观念、思维模式、社会习俗、宗教信仰、历史典故、风土人情、历史背景等方面。若没有对这些"一般常识"的了解，即使学习者在阅读文章之前把所有的生词和语法知识都通过查词典等方式掌握了，对整篇文章或者部分段落仍可能是一头雾水，不知所云，或者自以为读懂了作者的意图，实际却曲解了文章的意思。这便是由于读者的知识体系中虽然具备了语言知识，却缺少了文化知识作为支撑。

传授文化背景知识，同时可以扩大学生的知识面，激发学生的学习兴趣和求知欲，调动学生的学习积极性。近年来，各高校所使用的大学英语阅读课本虽然不尽相同，但是选材思路有共同之处：课文题材广泛，涉及西方社会生活的多个方面，而且文章题材形式多样，在思想内容方面也具有一定的深度，此类教材为教师介绍西方社会文化知识提供了条件。在学生方面，大学英语课程面对的学生已经基本具备了一定的语法知识和词汇储备，因而对老师授课方式以及内容方面的要求也可能与之前有所不同。一般来说，大学英语课堂上的学生希望在巩固英语基本功的同时，扩充知识面，学习其他国家的历史、文化、风俗。若教师的讲授仍然只停留在对阅读文本里词汇和语法的分析讲解上，学生就会感到上课过程枯燥无味，丧失学习的积极性，从而影响学习的效果。同时，大学生的英语已经达到可以听懂教师使用英语介绍文化背景知识的水平，并使他们有能力通过互联网、工具书对相关话题进行调研和学习。因此，在大学英语课堂上适当引入对于英语国家文化知识的介绍，会增加学生学习的积极性，提高他们的学习效率，

2. 在大学英语阅读课堂上提高学生跨文化交际能力的具体教学方法

在这一部分当中，笔者将以杨立民主编的《现代大学英语》（外研社 2012版）第四册为例，简单介绍一下自己在大学英语阅读课堂上向学生介绍英语国家社会文化知识，从而提高其跨文化阅读效果的一些情况。希望借此抛砖引玉，与同行们一起交流切磋。

2.1 对课文的历史、文化背景进行导入，挖掘教材的文化内涵

在阅读课的教学中，教师对文章涉及的重要背景进行较为全面的介绍和讲解是一种有效的文化导入方法。与整篇文章有关的背景知识，教师可以采取在讲解文章之前就进行介绍的做法；而对于文章中的某一部分或段落所涉及的背景知识，可以在讲解文章的过程中，结合具体的部分或段落进行介绍和讲解。

文化背景对于理解文章至关重要的作用在课文《致美国犹太人（以及其他以色列朋友）的公开信》（*A Letter to American Jews and Other Friends of Israel*）中体现的较为突出。这是一篇美国犹太组织 Tikkun 为了支持部分以色列年轻人拒绝在巴勒斯坦占领区服兵役而在逾越节前夜发表的公开信。若没有对巴以冲突根源和历史，以及美国在巴以冲突中角色的了解，学生对这篇文章会感到晦涩难懂，对某些部分甚至会感到不知所云。这时就需要阅读课教师不仅要扮演英语语言的讲解者，更要担当起巴以地区历史文化的介绍者。这样，学生在对巴以冲突的历史、国际社会对巴以冲突所持态度以及美国在此过程中扮演的角色有了一定的理解之后，课文中相关的战争名称、重要历史人物以及事件就不会成为阅读的障碍了。

再比如《狮子、老虎和熊》（*Lions and Tigers and Bears*）这一篇课文，在让学生阅读并对课文进行讲解之前，教师可以介绍美国纽约市中央公园的一些基本情况：它的位置、历史、结构组成，以及它对纽约人的意义所在——作为身处纽约市中心黄金地段的城市公园，中央公园承载着现代都市人远离城市喧嚣、回归

自然本真的诉求，它风景优美，被广大纽约民众所喜爱，被称为"曼哈顿的后花园"。在此基础上，教师可以进行更深层次的挖掘，因为课文中涉及到了中央公园建筑风格在历史上的转变，教师可以在讲解相关段落时，介绍一下美国历史上美利坚民族身份以及文化认同感产生的历史过程，帮助学生理解课文中作者所隐晦表达的中央公园的建筑历史部分承载反映了美国民族文化产生演变历史这一信息。有了这些文化历史背景的铺垫，在文章的后半部分当作者谈及自己对于中央公园以及喧嚣的都市生活的那种复杂情感时，学生就会感到更加容易理解。

在讲解《地球村》(*The World House*) 这一单元的时候，为了让学生更好地体会文章的风格和内容，教师可以首先介绍此文创作的历史背景，以及作者马丁·路德·金的职业（牧师）对于其写作风格的影响。二十世纪五六十年代，在美国的非裔美国人掀起了大规模的民权运动，在世界其他地区民族解放运动也风起云涌，作者马丁·路德·金作为美国民权运动的领导者，目睹了美国的非裔美国人和世界其他国家各民族人民为了追求平等而进行的艰苦卓绝的斗争，写下了此文，呼吁人们在追求物质富裕的同时，要顺应变革时代的潮流，实现每一个民族的平等和自由，使人类携手在地球村和平共处。没有对这一时代背景的了解，学生在阅读此文时就不能充分地体会作者的写作意图，不能充分理解文中"变革"、"历史的重大转折点"、"人民的觉醒"、"自由……以燎原之势迅速蔓延"的具体所指，就不能透彻理解作者在描述非裔美国人反抗岐视与压迫时波澜壮阔的场面，就不会充分理解作者在提到"亚洲、南美洲和加勒比海地区的棕皮肤、黄皮肤的兄弟们"所指何人。同时在为学生分析这一篇课文的行文风格时，教师可以告诉学生金的职业是一名牧师，他的这一职业特点使得他的行文和演讲善于运用排比和对比，具有布道的风格，因此文章阅读起来朗朗上口；而且由于职业的关系，金在写作或者演讲时常使用和基督教相关的词汇，引用《圣经》典故。教师同时可以引导学生比较本篇课文与金更加脍炙人口的演讲《我有一个梦想》，并且组织学生在课堂上观看此演讲的视频，引导学生深入地了解作者在这一时期的写作内容、意图和风格。

对课文《纽带》(*Cord*) 的讲解在很大程度上也需要教师对学生进行文章写作背景和作者情况的文化信息补充。作者作为具有强烈反叛风格的爱尔兰裔女作家，善于刻画二十世纪六七十年代新的社会思潮对传统爱尔兰社会和英国社会的冲击。在这一充满变革因素的年代，在北美和欧洲，众多的传统价值观念和信仰崩塌，新的价值观出现，民权运动、女权运动、反战运动、反文化运动、性解放运动轰轰烈烈地兴起。而此文描写的正是在这一历史背景下，新旧观念在两代人身上的冲突。当学生有了这层理解后，就会明白，文中母女对婚姻、宗教、生活方式等各方面的冲突和矛盾不仅仅是代沟造成的思想差异，也是在变革时代的欧洲新旧思潮的碰撞与交锋。

需要单独指出的是，在大学英语阅读课的教学中，对于宗教相关知识的导入对学生理解英文文章常常具有非常重要的作用。由于基督教在英语文化中的重要地位，和基督教相关的概念和词汇经常会被英文作者提及，中国学生经常因为对宗教相关知识储备不足而导致无法充分理解作者的意思。因此，教师有必要在合适的时机对学生就基督教的一些常识进行普及。举例说明，如果有了对基督教发展史的基本了解，在《把思考作为业余爱好》(*Thinking as a Hobby*) 一文中，当作者提及与 Ruth 关于圣经不同解读的争辩时，学生就会更准确地理解他们的对话；在《无根据的信念》(*Groundless Beliefs*) 一文中，当作者提及将罗马天主教家庭的孩子和长老会家庭的孩子互换家庭环境的时候，对于他所说的"毫无疑问的结果"学生也会不言自明，并不需要作者过多的解释（其实作者也并没有进行解释）。当然除了基督教之外，我们对于世界上主要的宗教派系若有一个基本的认识，那学生在学习《地球村》一文时，对作者一笔带过的共同生活在同一个地球村里面的"犹太教徒和非犹太教徒、天主教徒和新教徒、穆斯林和印度教徒"，就能明白他们的具体差异，就能够体会到地球村成员的复杂性和多元化。

由此可见，了解时代背景是理解作品的前提。学生只有了解了作品中所涉及的历史、宗教、文化背景知识，才能较容易理解作品本身和抓住作品的主题，从而在阅读课中收到较好的学习效果。

2.2 在词汇学习时挖掘词汇的深层次文化含义，有意识地提高学生跨文化交际的敏感性

教师除了在课堂上对课文的历史、文化背景进行集中导入之外，还可以在讲解词汇时挖掘词汇的深层次文化含义，用跨文化视角解释一些英文词语的使用，适当地向学生进行跨文化交流意识的渗透。在各种语言要素与文化的关系当中，和其他要素比如语法、语音相比，词汇是关系最密切且反应最直接的要素。有些词汇不仅具有表面的、通常的指示含义，而且承载着深层次的文化和社会含义。以课文《把思考作为业余爱好》为例，里面含有大量的"熟悉的生词"。这些词语从字面意思来讲对学生并不是生词，但是若没有对社会文化相关知识的辅助介绍，他们很难充分理解该表达方式在课文中的具体所指，从而明白作者真正的意图。具体来讲，本课文开篇就提到的 grammar school 这一表达方式，教师在讲解过程中应该指导学生切勿仅从字面上将其理解为"语法学校"，而应该从英国的教育体系入手，了解英国主要各级各类教育机构的称谓、功能，这既丰富了学生的英文词汇量，提高了其英语阅读能力，同时也增强了他们对英国文化社会的了解。同样的，同一篇课文当中，就 Venus 一词教师所讲解的不应该仅仅是这一雕

像的名称，也应该包含相关的希腊神话故事以及 Venus 这一形象的寓意；在讲解 The Thinker 这一雕塑时要拓展到它的历史背景以及相关的深层次含义以及与本课主题的相关之处。同一课中提到的 His Majesty the King 这一短语的讲解可以从英国人对国王的敬称，进而拓展到王室对于英国社会的意义，并补充社会生活中英国人使用的其他敬称，从而不仅帮助学生更好地了解本篇课文，而且增加英美文化常识储备。

在课文《电话》（*The Telephone*）一文中，作者反复提到 cousin（堂表兄弟姊妹）一词，并且提及 desert（沙漠）、hot wind（热风）等。作为教师，应该在指导学生阅读时，指出 cousin 在阿拉伯文化中有其特别的文化寓意——海湾阿拉伯国家里多子女大家族的生活方式和堂表亲联姻的婚姻方式盛行，并且阿拉伯地区具有独特的热带沙漠气候。阅读者有了这个文化背景的铺垫以及与西方文化的对比之后才能透彻地理解作者以"电话"为切入点对新旧生活方式的对比和在落笔行文时那抹淡淡的乡愁。再比如《狮子、老虎和熊》这一单元，其标题由三种动物的名称组成，词汇非常简单，但是若不对它进行深层次的解释，引导学生了解这一短语的出处是美国著名音乐剧《绿野仙踪》（*The Wizard of Oz*），最初人们用其来作为"身处危险时表达恐惧和紧张的方式"，同时，这篇文章里着重讲述描写了纽约中央公园在夜间是一个极为危险的去处，那么学生就很难理解文章题目和内容的关系，也不可能很好地理解作者选择这个题目的初衷和意图。

教师在课堂上对《圣经》的一些著名典故进行讲解也有助于学生对许多课文的理解。作为基督教的经典之作，《圣经》对英美文化有着根深蒂固的影响，也是众多英语习语起源的宝库。因此，了解《圣经》中的习语典故，有助于增进英语学习者对英语语言的理解。举例来说，课文《因为缺水》（*For Want of a Drink*）里面作者提到了"诺亚方舟"这一圣经典故。这是《圣经·旧约·创世纪》中的故事，"诺亚方舟"为一艘根据上帝的指示而建造的大船，其建造的目的是为了让诺亚与他的家人，以及世界上的各种陆上生物能够躲避一场上帝因故而造的大洪水灾难。因此，若学生对"诺亚方舟"的典故不了解，那么阅读时就无法理解课文里面讲到"浪花轻拍在诺亚方舟上之时"即意为人类历史之初。

课文《地球村》的作者马丁·路德·金作为一名牧师，笔下的文章往往提及许多基督教典故。若对"出埃及记"（Exodus）故事不够了解，那学生在阅读此篇课文时就会对文中提到的"摩西在法老的宫殿里大声说道'让我的人民走吧'"感到茫然不解。这时教师应该帮助学生了解这一典故的出处和内容。《出埃及记》原是《圣经·旧约》中重要的一卷，讲述了希伯来人（古犹太人）同古代阿拉伯人之间的矛盾起源。所谓"出埃及"，根据《圣经》，即犹太民族历史上最伟大的人物之一、上帝耶和华的代言人摩西，在上帝的旨意下，解救其在埃及饱受奴役的希伯来四十万族人于水火之中，排除万难逃离埃及，踏上回归其祖先生活过的应许之地——迦南的故事。在对"出埃及记"故事有了一定了解的基础上，学生在阅读文章时就会真正理解为何作者认为"出埃及记"是人类反抗压迫历史的鼻祖，以及二十世纪的非裔美国人的民权运动如何与之一脉相承。同样，在同一篇文章中，若学生对"应许之地"（The promised land）的出处和宗教意思毫无了解，那么在阅读时很可能浅层次地从字面理解，而无法完成对作者意思的正确解读并体会行文风格浓厚的宗教意味。

关于逾越节（Passover）这一节日的了解对于理解课文《致美国犹太人（以及其他以色列朋友）的公开信》也具有重要意义。逾越节是为了铭记和庆祝犹太人出埃及的重大历史事件。如前文所讲，《圣经》的《出埃及记》记载以色列人的祖先如何在摩西的领导下逃离在埃及的奴役，在征途上形成了自己的民族——犹太民族，并为最后回归以色列这片土地做好准备。因此，逾越节也可叫做自由节，这一主题在各种宗教仪式和祷文中表现得很明显：出埃及象征着从奴隶到自由，犹太人身心得到救赎。逾越节的另一个重要主题是家人团聚。在节日前夜，远近家族成员都要聚在一起庆祝集宗教仪式、历史故事和美味大餐于一体的逾越节晚餐。因此，课文的作者选择在逾越节前夜这个特殊的日子发表这封公开信，其含义不言而喻，作者希望在这个犹太人纪念自由的日子里表达他对于以色列当局在巴勒斯坦占领区对巴人民荼毒生命、剥夺自由做法的不满和抗议，同时希望以色列人民在珍视自己民族自由的同时，能够理解并尊重巴勒斯坦地区的阿拉伯人民对自由的渴望和追求。

因此，阅读课堂上对于英美历史文化知识的教授，不仅可以在课前进行，也可以贯穿在词语、短语的讲解过程中。只要教授者和学习者都具有跨文化交际意识，就可以对相关词汇进行深层次文化含义的挖掘，帮助阅读者在上下文中最大程度地精准解读作者的写作意图，不因为词汇理解的盲区或者偏差而导致跨文化阅读的障碍。

2.3 在西方文化输入的同时，结合中国国情进行中西文化对比

跨文化交际能力包括三个方面：文化差异的敏感性、对文化差异的宽容性、处理跨文化差异的灵活性（叶明珠，2013）。在课堂上向学生介绍"他者"文化的同时，教师应该结合我国自身的文化进行对比，即在有意识地培养学生对于不同文化差异的敏感性。由于不同文化背景下的人们所处的环境不同，包括历史影响、政治制度、风俗宗教、家庭模式等的不同，造成他们从饮食起居到生活方式等各方面的差异。能够意识到这种差异，是进行跨文化良好沟通的前提。因此教师在介绍"他者"文化的同时可以联系我国本土文化，将介绍与对比相结合，在

潜移默化中增强学生跨文化交际的敏感性。

另一点教师需要在阅读课堂上有意识培养的是学生对不同文化的包容性。一切文化都是独特的、互不相同的，并无优劣高低之分，"刻板印象"（stereotype）和"文化中心主义"（ethnocentrism）是跨文化交际的两大主要障碍。如果学生习惯于用本我文化作为评判标准，去衡量他者文化，并带着对其他文化或歧视负面、或过度抬高的刻板印象去观察和阅读，那么难免会出现片面甚至错误解读的跨文化交流障碍。这就要求我们在传授文化背景知识的时候，引导学生比较中西文化之间存在的差异，用对比的眼光和角度去看待一种文化、理解一种文明、阅读一种语言，以求更加全面、透彻地理解西方文化和中国文化，在此基础上培养、增强民族文化平等意识，有利于养成在文化交流中对他者文化的开放、包容的态度和情怀。

只有阅读者具备了较高的跨文化敏感性，并用一种包容的心态去了解和体会文化的差异，才能在阅读文章时体会跨文化现象的存在，并能够用客观、理性、平和的态度去进一步学习他者文化的背景知识，从而灵活地处理，正确地解读。

譬如在对课文《致美国犹太人（以及其他以色列朋友）的公开信》进行文化知识导入、向学生介绍逾越节的时候，可以将犹太人的逾越节与我国的春节进行对比，让学生从习俗、礼仪方面挖掘它们之间的相似之处与不同。在介绍基督教教义以及分支情况的时候，将其与佛教和伊斯兰教进行对比分析。在文化对比中学习，会加深对文化差异的理解和对跨文化交际的感悟。

2.4 调动学生积极性，要求学生利用工具书或者互联网查阅相关文化知识，进行主动学习

传统的阅读教学方法建立在阅读是消极被动的、接受性的这一理论的基础上，阅读课老师在实际教学过程中只是片面强调提高学生的语言知识。然而，在大学英语阅读课堂上，教师应该注重学生课堂参与意识的激发，可以在教学中适当地增加一些自主活动，布置学生在课前通过使用图书馆或者互联网完成对某些文化、历史或者宗教知识的了解。譬如在阅读《电话》这一篇课文之前，因为课文涉及到作者童年生活的小山村的一些风土人情和习俗习惯，教师可以让学生提前去调查阿拉伯文化中人们的婚姻方式、家庭分工、社交模式、饮食习惯等社会习俗和习惯，然后在课堂上让他们一一介绍所查到的资料，并采取与课堂讨论相结合的方式。因为有所准备，所以学生们往往发言积极踊跃，语言表达流畅，课堂讨论气氛热烈，学习效果很好。

在阅读《地球村》的时候，教师可以布置学生提前去查找二十世纪六七十年代在全世界特别是美国兴起的各种改革运动，包括美国黑人民权运动、妇女解放

运动、年轻人的嬉皮士运动、反战和平运动等，在课堂上安排学生分成不同的小组，针对不同的话题分工协作完成课堂展示（presentation）。这样做，不仅有助于学生理解课文作者所处历史背景对其写作内容的影响，而且由于这一年代是美国历史中的关键节点，这些运动对于美国历史和文化具有巨大的影响力，对这一特殊年代的充分认识，有助于加深学生对西方文化特别是美国文化的了解，更准确地从另一种文化的角度去体验历史和解读历史。

因此，在阅读课前和课后要求学生利用工具书或者互联网进行主动学习，查阅与课文相关的文化知识，并且在课堂上对自学成果进行展示，并在课后推荐学生阅读相关文章、书籍，观看具有文化内涵的影片，这样有利于调动学生参与阅读的积极性，培养他们利用工具书或者互联网进行独立学习的能力，提升学生的课堂参与乐趣，激发他们的学习兴趣；同时，这些方式还能够拓宽他们的知识面，在潜移默化中影响学生的跨文化交流意识。

结论

由于语言和文化密不可分的关系，在跨文化交际中，发生碰撞的不仅是两种语言，还有语言所反映的文化差异，以及理解和表述现实世界的方式。大学英语授课面对的挑战是要让母语为汉语的非英语专业学生在母语文化背景下习得英语、了解英语文化，在此基础上只有从容斡旋于两种语言和两种文字之间，才能真正领会原作者的交际意图，从而实现跨文化有效交际。在大学英语阅读的课堂上，阅读理解的主要障碍已经不仅仅存在于语言本身，也存在于对英语国家社会文化知识了解的程度，文化背景知识成了影响学生阅读理解的一个重要因素。因此，要完成教学大纲中所提出的任务，作为教师，我们应该在阅读课上通过不同的教学方式，多方位地进行英语国家相关社会文化知识的导入，提高学生们的阅读理解能力，同时增强他们的文化差异敏感度，增强他们处理跨文化交际障碍的灵活性，培养高水平的跨文化交际人才。

参考文献

Nuttall, C. (2002). *Teaching Reading Skill in a Foreign Language*. Shanghai: Shanghai Foreign Language Education Press.

Keesing, R. M. (1975). Linguistic Knowledge and Cultural Knowledge: Some Doubts and Speculations. *American Anthropologist*, 81: 14-35.

胡文仲．(1999). 跨文化交际学概论．北京：外语教学与研究出版社．

胡文仲．(2004)．超越文化的屏障．北京：外语教学与研究出版社．

教育部高等教育司．(2007)．大学英语课程教学要求．上海：上海外语教育出版社．

李杰．(1993)．高年级阅读课教学与社会文化知识的传授．外语界，1: 16-18．

李立贵．(1998)．谈谈文化背景知识的传授的方法．国外外语教学．4: 39-42．

文秋芳．(1999)．英语口语测试与教学．上海：上海外语教育出版社．

杨立民．(2012)．现代大学英语（第四册）．北京：外语教学与研究出版社．

叶明珠．(2013)．跨文化视角下的大学英语教学．新课程，11: 170-170．

论大学英语教学中教师身份的建构及
跨文化意识的提高

高 慧

首都师范大学

摘要： 本文认为在英语教学过程中，尤其是在与教学材料接触的过程中，英语教师的身份处于跨文化的发展性建构中。在这一过程中英语教师同样会面临与在新文化环境中生活的跨文化者相似的跨文化体验阶段。在教学活动中，教师如果能够采用积极有效的策略应对自身价值观的影响，不仅能够成功地克服文化休克，提高自身的跨文化意识，以新视野、新角度重新定位自身，而且还能够有意识地、有针对性地对学生的英语学习予以高效指导，帮助学生顺利地进行语言、文化的学习。

关键词： 身份建构；跨文化意识；文化休克；价值观

最新颁布的《大学英语教学指南》明确地对高等院校非英语专业学生的跨文化意识的培养提出了要求。一时间，关于这一话题的探讨变得相当热烈。大量文章涌现，从单词、语法、阅读、视听及学习法等各方面对学生的跨文化意识提高进行分析。但是，在探讨的过程中，一个问题却逐渐浮出水面并凸显出来，成为在大学英语教学中一个迫在眉睫需要解决的问题，那就是大学英语教师自身跨文化意识的提高问题。大学英语教师的自身跨文化意识提高了，他们就会理性地而不是感性地，自觉地而不是自发地引导学生科学地进行跨文化学习，高效率地帮助学生提高跨文化意识。可是，实际情况却是相当一部分大学英语教师因自身跨文化意识缺失或薄弱而导致在帮助学生跨文化学习方面力不从心。那么，教师如何在教学中加强自身建设，提高跨文化意识呢？这是一个宏大的问题，需要分为不同专题、在不同层次解决。在解决所有问题，回答教师如何提高自身的跨文化意识之前，我们需要对整个问题的源头，即大学英语教师这一身份进行分析。身份是交际互动的起点，对自我和他者的认识是跨文化意识产生和发展的源泉。因此，了解大学英语教师独特的身份构建与跨文化意识之间的关系，是探讨大英教师如何提高跨文化意识的起点，具有重要的意义。

本文将注重对交际过程的研究。在英语教学过程中，英语教师身份的构建（包括重建）的过程是动态、多变的。本文将对此分析，并找出影响其身份构建的环节，最终为英语教师跨文化意识的提高找到突破口。

1. 身份的要义

身份首要解决"我是谁"这个问题，只有清楚了自己是谁，才能采取相应的交际策略与他者互动，因此了解自身和对方的身份是互动的起点，更是跨文化互动的起点。大学英语教师也与其他任何互动的双方一样，需要自审"我是谁"，而且因其特殊的职业角色，其身份构成更为复杂。

总的来说，身份（identity）是社会学术语中的主要词语之一，常出现在社会学互动理论中。社会学的互动论视角更注重社会的微观方面，主要考察人们在日常生活中如何交往，又如何使这种交往产生实质性意义。社会学互动理论认为，在某种意义上，社会结构最终是由行为体的行为和互动所构成和保持的，因而互动论致力于发现人际互动的基本过程。亚历山大·温特的建构主义理论便是建立在互动理论基础上的。温特认为互动双方——自我与他者的身份是在互动中建构的。他将身份定义为"有意图行为体的属性，它可以产生动机和行为特征"(2000)。显然，身份作为交际者的属性并非静止的，它在确立后也会随着互动的发展而不断调整、变化。这说明，既然身份是动态的，可以在互动中建构的，是随着互动进程的发展而发展变化的，更确切地讲互动的结构中形成的共有观念使双方的身份得到进化。共有观念是温特建构主义的核心词汇，在建构中起到至关重要的作用，而共有观念即文化。由此可见互动中的文化与互动者身份之间存在建构关系。

此外，一个行为体的身份是"多重的有机结合的复合物。行为体的多样身份并不孤立存在，而是以情境（situation）为基础结合起来。"情境不同，行为体的身份也会不同。为简化起见，特纳将身份分为三类，即作为人的身份（human identity）、社会身份（social identity）及个性身份（personal identity）。其中行为体的社会身份表明其社会团体的归属，如种族、民族、职业、年龄、家乡等(Samovar, 2012)。显然，社会性与文化是不可分割的，社会属性为行为体身份打下深深的文化烙印。在跨文化交际中，社会身份自然是重点研究的对象。

如上所述，情境不同，行为体的身份亦不同。一个行为体的身份是多重的、复杂的，根据不同的情境，行为体会自然选择不同的身份与他者互动。如在教室这一情境中，某人可能是教师，但同一个人在家庭中，其身份可能是母亲、妻子等。

总之，一个行为体的身份是在互动的过程中形成的，它是多重的，而且不是一成不变的，会随着互动的发展而发展变化，是个不断建构的概念。其建构的来源是互动结构中不断形成的新的共有观念，即文化。情境对互动者在交际过程中选择何种身份起决定性作用。

2. 英语教师的身份建构

首先，需要说明的是，本文为了避免过于繁复影响重点，将大学英语教师当做一个文化主体进行分析，即探讨大学英语教师作为一个文化群体的身份特点。当然，需要注意的是，不同的个性特点对大英教师的身份建构也具有重要影响。

身份是交际者在互动过程中形成的，互动中形成的共有知识又与交际者形成建构关系，促使其身份不断变化、发展。教学活动也是一种交际过程，在这一过程中教师明显与学生形成互动关系。但是，在英语教师的教学活动中还存在一个交际对象，对教师的身份建构起到重要作用。这个交际对象就是教学材料。与文本的交流是种特殊的交流形式，是单向式交流过程。读者不断与文本互动，从文本中获得新的观念、知识。Ting-Toomey 认为身份就是指一个人经过反思形成的自我概念（self-conception）或自我形象（self-image）(2007)。而在与文本的交流中，读者从文本获取的新的观念、知识反过来作用在读者身上，使其不断自省、反思，形成读者的身份，使其原有的身份得以发展。大学英语教师在与文本的互动过程中，其身份也如其他读者一样，存在重新建构的可能性。此外，由于其所交流的文本的特殊性，大学英语教师面临特殊的身份建构过程。大学英语教师一般母语为汉语，但其交流的文本却是英语，这使得教师与文本的交流过程变为跨文化交际的过程，教师身份面临跨文化的发展建构。

一般而言，当个体处于新的文化环境中，会在情感、认知、行为等层面发生复杂的身份的变化，如 Ting-Toomey 在阐述个体身份改变时提到的那样——个体在保持自身文化传统的同时，也经历了发展变化，从认知、情感和行为层面与（新）的社会融合，形成其有机整体的一部分（Samovar, 2012）。简单地说，个体与新文化接触经历一般有蜜月期、文化休克期、调整期及文化适应期等几个阶段。理想的状态是，个体在对新文化的知识积累中，在交际动机的激励下，依次经过不同阶段，直至文化适应阶段。在这个阶段，个体不仅内化了新的文化知识，比如新的价值观、标准等，而且发展了新的文化身份。经历了跨文化，获得新的文化身份的个体，能够"运用多重维度的思考方式、更为丰富的情感智慧及多样的角度去解决问题。"(2012) 实际上，这种积极的身份建构过程也是跨文化意识的提高过程。因此，在跨文化活动中，个体身份的建构与跨文化意识的提高有直接关系。

但是，大学英语教师面对的教学资料，如文本是否可以构成文化环境呢？众所周知，语言是文化的重要组成部分，是文化的重要载体和表现形式。而用于大学英语教学的文本由于其本身的特色，使得这些文字本身构成由文字形成的文化、社会环境。大学英语教师的教学对象是非英语专业学生。大学英语教材在帮助学生学习语言知识的同时，也试图给学生呈现纷繁复杂的现实社会，以使学生了解语言是如何在真实的社会、文化环境中使用。

此外，以话题为主线进行单元设置使学生有机会了解英美社会的方方面面，而且在内容难度设置上符合大学生的认知特点，利用文字对社会、文化深入挖掘，触及文化体系及价值观。虽然各个领域的研究者们对文化做出了纷繁复杂的表述，但我们可发现文化大致可由表象到本质，由具体到抽象分为三个层次。最表层的是物质文化，例如上述某些概念中提到的艺术、技艺、绘画、建筑、礼仪、器物文化等；更内层的是制度文化，包括政治制度、经济制度、社会制度和法律制度等；最深层的是思想、信仰和道德等等，其核心便是文化价值观。霍夫斯蒂德（Hofstede）在《跨文化之重》中指出"文化为'心智的集体程序'，是特定群体所共享的程序，它不仅体现在价值观上，而且会在更为表象化的事物（如象征、英雄、礼仪等）上显现出来。文化根植于人类各主要群体的价值观体系之中，并且在各自发展的历史过程中得以不断巩固。"（2008）中国学者胡文仲也指出"价值观是文化的核心，可以根据不同的价值观念区分不同的文化。"（1999）因此，尽管文化的表象是多样的，但其核心是价值观。价值观是文化的深层内涵，是一种文化的沉淀，对某一类文化群体起着长久的、潜移默化的影响，并最终导致特定行为和手段的产生。显然，大学英语教材的文本构成了由文字组成的人文社会，提供了文化环境。个体在与文本的交流中，不仅可以较全面地感知新文化环境，更能够便捷地进入新文化的价值观层面去认识、了解新文化的核心。当然，其他教学资料，如影视、图像等以更直观的方式呈现了另一种文化的方方面面，其模拟现实的表现方式可帮助个体更感性地了解新文化环境。

3. 英语教师在教学过程中的身份重建与跨文化意识的提高

英语教师在教学过程中身份的重建与跨文化意识的提高有必然联系。面对新文化环境时，个体一般会经历若干阶段。不同的文化学者绘制不同的阶段，但在他们的描述中，基本都有一个共同的阶段，即文化休克期。在这一阶段，个体在新文化环境里不仅感到沮丧，而且严重的会产生器质性疾病。而个体一旦成功跨越这一阶段，不仅会内化新的文化知识，比如新的价值观、标准等，而且会发展新文化身份，因此跨越的过程也是跨文化意识提高的过程。对于大学英语教师而言，虽然其并未生活在真实的新文化环境中，但在与新文化文本、音视频材料接触的过程中，也会面临无法理解、欣赏新文化知识等问题，这些问题产生的根源与文化休克产生的原因极为相似。

根据霍夫斯蒂德的观点，跨文化接触不会自动带来相互的理解。我们的头脑

（心智软件）蕴含基本的价值观。这些价值观因在早年生活中习得，故变得如此自然，以无意识状态存在于我们的大脑中。在与新文化的接触中，这些价值观会成为我们评判新文化的依据。因此受自身文化的影响，我们会在一个与原来文化不同的环境中感到压力、无助（2008）。显然，个体负面情绪产生的原因是无法理解新文化并对新文化认同。英语教师处于由文本等新文化知识构成的情境中，也会不自觉地以自己的传统价值观评判新文化，而出现对新文化无法理解、不能认同等问题。其后果反映在教学活动中便是对新文化知识潦草处理或干脆省略，不作处理，使学生失去了深入了解新文化的机会。因此，理解自我传统文化和新文化间的不同之处，客观理解新文化，不仅能够帮助教师内化新的文化知识，丰富、重建自身的文化身份，而且这个过程也是自身跨文化意识的提高过程。最终，通过教师有意识的引导，这种提高会反馈在学生英语学习中。

对于英语教师而言，如何才能尽量减少自身传统价值观的影响，客观理解新文化呢？简单而言，我们可以在心理上养成时刻留意的习惯，在心智上积极扩充关于新文化的知识并在行动上运用相关的技巧。

心理上养成时刻留意的习惯是应对的基础和起点。心理上的时刻留意也意味着时刻警觉，其实质是要求英语教师保持对文化的心理敏感度。教师也如其他生活在本族文化情境下的个体一样，深刻地受到本族文化的影响，自然形成某种文化价值观。但这种价值观基本是隐性存在于个体头脑中，对人们的认知、评判及行动产生潜移默化的影响。因此，个体需要时刻提醒自己，感知本族文化情境并深入挖掘本族文化嵌入个体头脑中的那些以无意识状态存在的知识（2008）。作为传授新文化语言和文化知识的教师更应比普通个体保持警觉，时刻注意内省，体验本族文化给自己带来的影响，并深入挖掘潜藏在心智深处的文化知识，努力将潜意识的本族文化知识上升到意识层面来分析。

保持留意的态度也意味着对新文化不同之处的留意。但这种留意是不带有任何感情色彩的，即对新文化的不同之处努力采取客观看待的态度，而不急于做快速的评判，避免文化中心主义对我们的影响。文化中心主义是个体与新文化接触后自然发生的一种情感。个体对新文化很难保持客观的态度。人类对与己不同的文化具有一种优越感，这是人类的自然趋向性。在此基础上形成的文化中心主义认为自己的文化是所有文化的中心，自己的文化高人一等。文化中心主义就像一扇窗，本族文化就以自己的角度从这扇窗往外看，以此感受、了解并评判其他所有文化，导致对另外一个文化的主观评价。显然，文化中心主义会使我们对新文化的认识产生偏见，阻碍我们对新文化的理解和交流，有碍跨文化意识的提高。但因其是人类自然的天性，避免起来有相当难度。因此，英语教师更要时刻保持留意、警觉的态度，观察自己面对新文化文本及语境时，是否受到文化中心主义的干扰，在教学中情不自禁地表现出对自己文化的扬和对新文化的抑。努力客观地将新文化知识传授给学生，减少主观评论带来的对新文化的曲解和误解。教师对自我有意识的监控和调整过程实际上也是自我文化身份进行调整和重建的过程，也是跨文化意识提高的过程。

在保持留意、警觉态度的基础上，个体还应不断掌握、积累关于新文化的知识。有时因为知识储备不足，教师很可能忽略或放弃教材中某些有文化内涵的语言现象做深入挖掘，也使学生丢失了学习的机会。如笔者在教学中发现新视野（第二版）第四册第五单元 A 课文经常被简单化处理，其中丰富的文化内涵没有得到挖掘。该文有关美国文化，而且主题具有相当的文化内涵，关于 solitude。如果没有文化知识的积累，教师很可能将该单词一语带过。但实际上 solitude 这个单词与美国著名的超验主义学者爱默生（Ralph Waldo Emerson）有密切关系。爱默生提倡个体主义精神，深刻地影响了美国文化的发展。在他看来，个体是具有潜力的，通过在自然中独处（solitude）获得顿悟，最终能够不断升华（Whicher, 1957）。因此，solitude 是理解美国个体主义传统文化的一个重要路标。如果教师能够在课堂上将该词的文化内涵传递给学生，可极大地帮助他们以此为线索，独立、广泛地探索新文化。显然，教师在处理教学材料时，应时刻留意字里行间哪些地方是能够进行文化挖掘的，时刻保持对文字的敏感度。而这种敏感度的形成是需要教师深厚的文化知识为保障的。在获得知识的过程中，通过对知识的理解、内化，教师的文化身份得以延展，其跨文化意识也相应得到提高。

在心理上留意和知识的积累基础上，在真实生活环境中，个体还可通过有意识地实践来更好地理解新文化，如学习理解新文化中各种符号、象征，认识新文化中的英雄及实践新文化仪式等（Hofstede, 2008）。但对于英语教学而言，除了在教学中有意识地介绍、解读并理解新文化中的象征、符号、英雄及文化仪式等，我们更要将具体的实践形式转变为运用某些学习技能提高对新文化的理解力。

比较和对比（comparison and contrast）是行之有效的方法。将本族文化和新文化进行对比，找出相同点和不同点并进行分析，能够清晰、明确地了解文化差异，有助于对新文化的理解。当然，对于英语教师而言，找出相同点和不同点只是第一步，重要的是能够透过现象看到文化的本质。通过相同点，我们可了解文化的共同性，而通过不同点，我们更需要直击文化内核，能够从价值观层面来解释，以便更深入地理解和把握新文化。比如，涉及中西方文化不同的现象时，我们一般可从集体主义和个体主义的文化维度进行解释。这个维度是跨文化交际学中最基本的文化维度之一，反映了中西不同文化的价值观。在具体的教学活动中，英语教师可通过教材提供的文本案例，先帮助学生归纳出中西文化相同点和不同点，而后进行进一步分析，找出不同之处的根源所在，引导学生从集体主义和个体主义价值观的高度来讨论现象的不同。这样的教学要求教师自身的素质提高，建构自己的文化理论高度，并重新以新的视野审视教学素材。其结果不言而喻，在这一过程中，其获得的理论知识提供给教师进行比较分析的新角度、新内涵，有力地帮助了教师身份的建构，并使教师的跨文化意识得到提高。

写反思日志也是很好的方法。反思日志能够提高教师的教学反思能力。美国学者波斯纳认为，反思可以帮助教师成长。众所周知，他提出了教师成长公式，即教师的成长＝经验＋反思。没有反思的经验是狭隘的经验，至多只能形成肤浅的知识。只有经过反思，教师的经验方能上升到一定的高度，并对后继行为产生影响。可见，只有经过反思，教师才能使原有的经验不断地得到提升，每天都在教学中成长进步。通过教学反思教师每天都会有新的发现、获得新的启发，帮助他们走出封闭，超越自我。当然，对于英语教师而言，通过思考和学习，其对英语语言和文化的洞察和理解通过语言的形式反馈下来，成为自己跨文化方面新的体验和经历。这种自觉的、有意识的做法，有效地帮助了英语教师跨文化意识的提高，同时也实现了其身份的重建。

总之，从事英语教学的教师与教学材料的接触过程也是一种跨文化交际过程，在这一过程中教师的身份会随着与教学材料的认识、理解而得到建构。在建构过程中，英语教师同样会面临与在新文化环境中生活的跨文化者相似的跨文化体验阶段，其中最为重要的阶段是文化休克阶段，虽然语言教师面临的文化休克的表现形式与在真实环境中生活的人们表现有所不同，但其形成原因极为相像，都是源于交际者自身的文化价值观。这种价值观基本是隐性存在于个体头脑中，对人们的认知、评判及行动产生潜移默化的影响。在教学活动中，教师如果能够采用积极有效的策略应对自身价值观的影响，不仅能够成功地克服文化休克，提高自身的跨文化意识，以新视野、新角度重新定位自身，而且还能够有意识地、有针对性地对学生的英语学习予以高效指导，帮助学生顺利地进行语言、文化的学习。

参考文献

Samovar, L. A., Porter, R.E. & McDaniel, E.R. (2012). *Cross-cultural Communication*. Beijing: Peking University Press.

Ting-Toomey, S. (2007). *Communicating Across Cultures*. Shanghai: Shanghai Foreign Language Education Press.

Hofstede, G. (2008). *Culture's Consequences: Comparing values, Behaviors, Institutions and Organizations Across Nations (2ⁿᵈ edition)*. Shanghai: Shanghai Foreign language education Press.

Whicher, S. E. (ed.). (1957). *Selection from Ralph Waldo Emerson*. Boston: Houghton Mifflin Company.

亚历山大·温特. (著)，秦亚青. (译). (2000). 国际政治的社会理论. 上海：上海人民出版社.

胡文仲. (1999). 跨文化交际学概论. 北京：外语教学与研究出版社.

大学英语教学中跨文化交际融入策略初探

杨树国

北方工业大学

摘要： 随着全球经济一体化的不断发展，国际间的交流与合作也变得日益频繁。英语作为世界上使用最广泛的语言，其重要性不言而喻。大学英语教育为我国培养英语人才发挥着举足轻重的作用。培养大学生的语言交际能力，最终体现在培养其跨文化交际能力。语言是文化的载体，又是文化的写照，语言和文化融为一体。因此，在大学英语教学过程中，教师既要传授学生英语语言知识，又要引导鼓励学生注重分析中西方文化差异，有意识地培养其跨文化交际能力。本文作者首先概述了跨文化交际融入大学英语教学的研究现状及其重要性和意义；接下来分析了当前大学英语教学实践中融入跨文化交际尚存在的问题；最后作者尝试性地提出了跨文化交际融入大学英语教学的策略。

关键词： 语言；文化；跨文化交际；大学英语教学

1. 引言

随着全球一体化的加速，参与跨文化交际的人越来越多。在跨文化交际过程中，交际受挫或失败，产生误解，甚至引起关系恶化的情况也时有发生。很多人把这一点归结为语言不通，但很多情况下，交际受阻或失败不是由交际双方的语言引起的，而是因为交际双方的文化障碍造成的。那么，如何让大学生在步入社会、走上工作岗位之前具备一定的跨文化交际能力，无疑给大学英语教师提出了一个新的课题。近年来，大学英语教师开始注重探索将跨文化交际融入到大学英语教学实践中，即在传统的讲授语音、词汇、语法知识的基础上，运用巧妙的教学方法，提高学生的跨文化交际能力，培养他们的跨文化交际意识，使学生对目的语国家的文化有一定程度的了解，避免在实际应用中产生误解甚至酿成笑话。"2004 年我国教育部颁发的《大学英语课程要求》明确地将跨文化交际设定为其主要内容之一，英语教学目标也从培养学生成为 'a native speaker' 转变成 'an intercultural person'，即培养具有跨文化交际能力的人。"（张卫静，2014：120）2014 年教育部拟制定的《大学英语教学指南》征求意见稿中更是提出大学英语的教学目标是培养学生的英语应用能力，增强跨文化交际意识和交际能力。无论从人类交往实践的功用性，抑或是英语的教学目标，还是从大学生跨文化交际能力培养的角度，跨文化交际融入大学英语教学的重要性和必要性都是显而易见的。

2. 大学英语教学中融入跨文化交际的研究现状及其重要性和意义

2.1 大学英语教学中融入跨文化交际的研究现状

随着全球一体化的迅速发展，我国参与国际社会经济贸易活动也与日俱增。社会发展的需要，对高校人才培养也提出了新的挑战。大学生对于英语学习也不再满足于单纯地甚至枯燥地涉猎语言知识，而更注重语言的学以致用，如能同外国人轻松交流，能欣赏英文原版电影，理解国际新闻，观看国际赛事直播等。我国的跨文化交际研究起步较晚。张珣（2009：58）指出："在上世纪80年代，有不少是关于语言文化差异的文章，学者们开始关注跨文化交际的研究。进入上世纪90年代，在我国学者开始撰写和编辑跨文化交际学研究著作中，其中影响较大的有胡文仲编的《文化与交际》（外语教学与研究出版社，1994）、关世杰的《跨文化交流学》（北京大学出版社，1995）、王宏印的《跨文化传通》（北京语言学院出版社，1996）、林大津的《跨文化交际研究》（福建人民出版社，1996）、贾玉新的《跨文化交际学》（上海外语教育出版社，1997）、胡文仲的《跨文化交际学概论》（外语教学与研究出版社，1999）和顾嘉祖的《跨文化交际——外国语言文学中的隐蔽文化》（南京师范大学出版社，2000）。"到了二十世纪七八十年代，受Hymes等人的交际能力观的影响，外语教学的目的发展为如何提高学习者的交际能力，并明确地把文化列为教学的内容。跨文化交际融入大学英语教学也在2004年我国教育部颁发的《大学英语课程要求》中被明确提出。进入二十一世纪以来，跨文化交际相关学术研究更是如雨后春笋，层出不穷。如何培养大学生的英语跨文化交际能力受到学者们的青睐，卫岭2012年，商金芳等2013年，巴红斌等、任杨等、张卫静等2014年，彭春菊等2015年以及李洁2015年，葛春萍等2016年均系统地阐释了跨文化交际能力培养在大学英语教学中的重要性，同时在如何提高大学生跨文化交际能力以及培养跨文化交际的意识方面进行了研究。

2.2 大学英语教学中融入跨文化交际的重要性和意义

作为大学英语教师，我们首先应该意识到，学生要使用和运用一门外语，获得跨文化交际的最佳效果，不仅需要掌握语言本身的规律，而且需要了解语言所承载的文化内涵。这就要求大学英语教学不仅讲授英语语言知识内容，更要注重培养学生的跨文化交际能力：了解不同语言所承载的文化内容；透彻理解不同文化间存在的差异；避免在跨文化交流中产生误会。因此，大学教师在英语教学中加强文化融入，增强学生对中西方文化背景的了解，培养学生的跨文化交际意识和能力是非常必要的。

此外，大学英语授课的对象是大学生。他们更加渴望在英语学习中了解英美文化，在学习语言的同时，观察了解外面的世界。中西方文化差异对比更能激发他们的学习热情，拓展知识面和认知视野，也有利于大学生对英语语言本身的掌握和运用。胡文仲（1982：47）教授指出"语言是文化的一种表现形式，不了解英美文化，要学好英语是不可能的。反过来讲，越深刻越细致地了解所学国家的历史、文化、传统风俗习惯、生活方式以及生活细节，就越能正确理解和准确使用这门语言。"由此可见，没有了文化作为基础的语言就如同无源之水、无本之木。

最后，在英语教学中增强跨文化交际内容，也势必会丰富课堂教学内容，使教学形式更加多样化，教、学、练三者更好地结合。教师通过设置丰富的课堂训练内容，大大提高学生的课堂参与度，让学生在具有指向性的练习中对课堂所学知识加深理解和熟练运用，在实际语境中体会跨文化交际内容，锻炼提高跨文化交际的能力和素养。

3. 当前大学英语教学实践中融入跨文化交际尚存在的问题

随着跨文化交际在各类英语课程要求或指南等纲领性、指导性文件中被着重提出来后，我国很多高校都逐步开始尝试在大学英语课堂融入跨文化交际能力训练，甚至专门开设跨文化交际课程。然而，从当前我国大学英语教学实践来看，在跨文化交际融入课堂教学方面尚存在一些问题，笔者总结归纳为以下三个方面：

3.1 应试教育思想之影响根深蒂固

我国的基础英语教育仍面临着应试的压力，全国大学英语四六级考试、研究生入学英语测试依然是衡量英语教学效果的重要依据，学生仍将考试分数作为其英语水平的最终评判。（王永超，2015：62）因此教师在教学中多数以课本知识为教学内容，以提高应试分数为主要目标，从而忽视了在日常教学中对学生跨文化交际能力的训练和培养。近年来，虽然大学英语教材编著者有意识地在教材的内容和形式上注重引进跨文化交际能力训练项目，然而在实践教学中，教师依然更多时候是围绕着语法和语义词汇等语言知识的讲授及篇章结构和写作手法的剖析解读，在学时少、教学任务重的条件下，教师不愿过多占用课堂时间，为学生讲解和拓展文化背景知识，更别提有意识地组织安排学生进行跨文化交际的训练活动。大学生的跨文化交际能力培养未能得到足够重视，由此导致我们很多大学生的知识范畴多局限于课堂教材和考试科目范围内狭隘的层面，疏于对中外历史和更多久远的丰富的人类文化的涉猎和理解。大学生的"哑巴"英语现象依然存在，难以从根本上实现对学生跨文化交际能力的实质性提高。

3.2 中西方的文化差异一定程度上限制了跨文化交际能力的培养

由于历史、宗教信仰、地域、气候、风俗习惯以及中西方不同的思维模式、礼貌方式、习俗禁忌、价值观以及人生观导致语言文化上存在较大的差异，并在一定程度上限制了跨文化交际能力的培养。在大学英语教学实践中，由于两种文化相互碰撞、渗透、又互相影响、排斥，语言背后的差异文化给大学生在英语学习中，特别是跨文化交际能力培养方面造成一定的障碍。

3.3 英语教师课堂融入跨文化交际能力培养的意识淡薄、教学手段单一

张科伟（2016：193）提到：我国的大学英语教学模式，一直没有摆脱教师处于权威主体地位、学生被动接收的情况。大学英语教师，也没有对大学英语教学中文化知识的传授给予足够的重视。在课堂教学中融入跨文化交际内容、培养学生跨文化交际能力的意识淡薄，教学手段单一，主要是围绕课本，讲授语言知识。传统单一的讲授教学模式已无法激发学生的学习热情，枯燥的课本教学内容和单纯的语言知识传授亦严重阻碍大学生跨文化交际能力的培养。

4. 跨文化交际融入大学英语教学的策略

4.1 拓宽英语教学思路，改革教材内容

大学英语教师要清楚一点，大学生学习英语的目的不应再局限于应试，而更要注重于应用，而且跨文化交际能力的培养同全国大学英语四六级考试、研究生入学英语测试等应试要求并不冲突，相反，二者是相辅相成、互相促进的关系。了解语言背后的文化背景可以帮助学生更好地理解、吸收语言知识点，反过来，扎实的语言基础，同样有助于学生学习了解更多的异域文化。因此，在英语教学中，教师首先要明确教学目标，拓宽教学思路，引导大学生更好地由应试向实用转变。

教材是教学的核心所在，是教师这一特殊导演手中的剧本。英语教学质量的优劣，大学生跨文化交际能力培养效果的好坏，均与教材内容的设置是否得当、合理息息相关。（李洁，2015：149）既然要培养学生的跨文化交际能力，那么介绍中西方文化尤其是能引发大学生思辨的课文都应该引入大学英语教材，让学生

在认知、比较、思辨中既增长语言知识，又比较性地学习中西方文化。此外，课文的选取不宜枯燥乏味。生动有趣、内容丰富的英语课文不但有利于教师开展课堂活动，而且更能吸引大学生的眼球。更重要的是，有趣的文章内容可以将无形的文化知识赋予有形的载体，如具有强烈画面感的叙事性文章或是观点犀利、引发讨论的议论型小品文。因此，大学英语教学中融入跨文化交际能力培养，改革创新教材内容需先行。

4.2 寓文化知识于教与练之中

教师在教学过程中要不断地关注跨文化交际内容，在备课过程中，充分挖掘与课文相关的文化背景知识，在教学模式和手段上充分发挥指挥棒的作用，设置相关的互动环节促使学生对不同文化进行深度对比分析并思考。在课堂教学中，教师更应该时刻注意将文化知识渗透到词汇、语法等传统教学项目当中，例如："retire"一词在中西方文化中就有明显的不同。在美国，"退休"意味着人步入老年阶段，收入减少，社会地位随之下降，是带有负面意义的一个词汇。相反，在中国，"退休"则意味着人到了一个可以远离朝九晚五繁忙的工作岗位，尽享天伦之乐的年龄。很多中国老人退休后，因为有了更多的自由闲暇时间，重拾自己的兴趣爱好，愉快地享受退休生活。可见，在遇到"retire"一词时，教师不仅要讲授词汇本身的含义，更要重点引导学生分析该词背后蕴含的中西方文化之异同。

学生练，旨在通过参与演讲、小组讨论、辩论、角色扮演等丰富多样的课堂内外学习活动，让自己身临其境地体验中西方文化的不同与各自精髓之所在。这样一来，学生们不但可以更好地把握文章的内容主旨，学习语言知识，提高语言应用技能，更能养成随时随地挖掘文化信息的良好习惯，从而加深对课文的理解，拓宽文化视野。例如：课堂上安排学生对课文内容的复述或情景再现，或是就某个文化观点提出问题，分组讨论，使学生加深对该文化知识的理解和认识。课外可以建议学生自发组织英语角、英语沙龙等活动，鼓励学生多与外教或留学生交流。学生在与外教交往的过程中，可以亲身体会到西方人士不同的行为方式、风俗习惯、思维模式或社会价值观等，也可以学习到许多生动的课堂上学不到的有关社会文化背景方面的知识。

4.3 提高教师的跨文化交际综合素养，营造跨文化交际环境，使英语教学形式多样化

大学英语课堂教学融入跨文化交际能力培养，无疑对教师本身的跨文化交流能力及素质提出更高的要求。教师不仅要有扎实的双语基本功，更要具备丰厚

的双语背后的文化底蕴和跨文化交际的意识，增加文化素养，力求"学贯中西"。（卫岭，2012：120）要培养高素质的跨文化交际人才，教师本身就应该首先成为跨文化交际的典范，并在教学实施过程中，不断地渗透培养学生这种跨文化交际的意识，让学生真切地感受到每一次课堂教学都如同一次跨文化交际活动。

在教学中，教师应运用现代化的教学方式和手段，以多种多样的形式，如网络、广播等资源，让学生进行实景操练、角色扮演、影视再现等活动，更多地接触较为真实的英语语言环境。同时丰富的教学形式也能够激发学生的学习兴趣和热情，从而更易于学生积极地参与到课堂的教学活动中来。

5. 结语

培养大学生的跨文化交际能力、增强其跨文化交际意识是提高大学生英语综合应用能力的重要目标。大学英语教育要立足于此目标，选择合适的英语教材，配备具有较高的跨文化交际素养的师资队伍，并采用恰当的教学方法和形式，将跨文化交际能力培养贯穿大学英语课堂教学，切实提高大学生的跨文化交际能力。

参考文献

Hymes, D. H. (1972). On Communicative Competence [A]. In J. B. Pride & J. Holmes (Eds.), Sociolinguistics [C] *Selected Readings*. London: Penguin, 269-293.

胡文仲．(1982). 文化差异与外语教学．北京：外语教学与研究出版社，04: 47.

李洁．(2015). 大学英语跨文化交际能力培养体系研究论述．湖南科技学院学报，36 (12)：148-150.

彭春菊，黄宝燕，林娜，梁铂琼，谢春丽．(2015). 大学英语教育中跨文化交际能力培养研究 [J]. ISSN 1009-5039 *Overseas English* 海外英语，50-51.

王永超．(2015). 就业导向下的大学英语跨文化交际能力的语境教学模式初探．长春教育学院学报，31 (14): 62-63.

卫岭．(2012). 大学英语跨文化交际能力培养体系研究与实践．开放教育研究，18 (1): 118-122.

张卫静．(2014). 以过程为导向的大学英语跨文化交际教学方法探析．新西部（理论版），03: 120.

张珣．(2009). 中国跨文化交际研究回顾．牡丹江大学学报，18 (5): 58-59.

运用提问技巧提升学生跨文化交流
技能的行动研究

张淑艳

北京外国语大学

摘要：本论文主要依据 Byram 的跨文化交际模式，采用行动研究的方法，主要探讨某大学大一公共演讲课上，能否在关注语言教学的同时，关注学生跨文化交流技能的培养；以及探究式问题 / 追问的使用在跨文化交际中减少误会，增加沟通方面的作用。质性分析探究式问题 / 追问句式使用前后，及学生反思日记，发现跨文化交流技能融入公共演讲课的可行性，以及探究式提问 / 追问有助于学生减少跨文化交际当中的误会，扩大包容，解决可能的跨文化冲突。

关键词：行动研究；探究式提问 / 追问；跨文化交际；误会；质性分析

1. 背景

从全球化的大背景看，中国与世界沟通越来越多，范围越来越广，影响越来越大，如何与世界沟通，让文化各异的国家更好地了解中国，让中国了解世界，培养拥有跨文化交际能力的国际化人才，具有现实意义。《中国学生发展核心素养》(于玮，2016: 1-1)，要求学生要具有全球意识和开放的心态，了解人类文明进程和世界发展动态。能尊重世界文化的多元性和差异性，积极参与跨文化交流；关注人类面临的全球性挑战，理解人类命运共同体的内涵与价值等。可见，教师过于注重理论知识灌输，无法培养拥有跨文化交际能力的人才。冯光武在把握国标精神、找准学校定位、突出专业特色——《高等学校英语专业本科教学质量国家标准》的实施建议（冯光武，2017: 2-6）中指出，国家已将"跨文化能力"作为外语类专业的核心能力指标之一纳入培养规格。我国一些学者从跨文化交际能力现状、定位、构成 / 构成要素、培养框架与维度等做了许多理论与实证研究（文秋芳，1999；高永晨，2006；杨盈，庄恩平，2007；王艳萍，余卫华，2008；许力生，2011；张卫东，杨莉，2012；胡文仲，2013；孙有中，2016）。但从行动研究角度切入具体的课堂教学的研究较少。本文作者尝试从微观的教学实践层面，探讨跨文化交际能力融入大一公共演讲课教学是否可行，并且，尝试采用行动研究的方法论证，提问技巧，尤其是探究式提问 / 追问句式的运用，是否能帮助学生提高 Byram 跨文化交际能力模式中包含的 knowing-how 的一些技巧，扩大相互理解，提升他们协调 / 解决文化差异的能力，引导学生"较中立"地看待文化不同，提升批判、思辨能力，容忍度，拥有开放的心态。

2. 理论综述

2.1 跨文化交际能力构成要素和维度

要探究跨文化交际能力问题，首先要了解跨文化交际的主要构成和维度。

1972 年，美国社会语言学家 Hymes 提出"交际能力学说"，指出交际能力包括语言形式、语言知识、语言的得体性，即何时、怎样、与谁交流的合适性；要达到跨文化交流的目的，要掌握别国文化知识，了解交际规则和与成员交流上下文。在此基础上，Canal 和 Swain 发展出语法能力、语篇能力、策略能力和社会语言能力。

但是，他们均以母语的言语行为作为隐含的目标和楷模。Byram 发展了 Hymes 等理论，认为跨文化交际不应当以母语的言语行为作为目标和楷模。他借用了"跨文化代言人"概念，认为应当将学习者培养成"跨文化代言人"，提高跨文化意识，具备多重身份，避免因单一身份而对非本民族文化持模式化态度（Byram et al.，2002）。

Byram（1997: 70-73）的欧盟模式将跨文化交际能力分为：知识、技能、态度和性情及行为取向四个能力维度。知识维度包括本国文化知识和他国文化知识（如历史、地理、行为规范、礼仪、习俗、价值观、社会、政治、宗教等），即 knowing-that；技能分为跨文化交流技能：即具有观察、理解、解释、关联、比较分析、以一定的标准评价文化差异或冲突，并以"跨文化代言人"身份，进行有效协调和解决的能力，即 knowing-how（注：本论文行动研究将以这种协调和解决问题的技能为切入点），和跨文化认知能力，即借助语言或非语言交流和互动学会新的文化知识、态度和意识的能力；态度和性情维度包括尊重、开放性、好奇心、乐观接受和包容等；行为取向维度包括批判性文化意识、自我意识、社会语言学意识等。语言能力，社会语言能力及语篇能力与这些构成因素共同构成了跨文化交际能力，且是互动的关系。（张卫东，杨莉，2012: 8-16）

跨文化外语教学的主要目的是培养学生对两种 / 多种文化进行解释、关联的能力，增强学生的批判性思维能力，使其能够客观地评价本国文化和外国文化，能够将知识和技能应用到实际的交流和互动中（韩晓蕙，2014: 106-110）。这也契合了上文中 Byram 提出的跨文化交流技能，即 knowing-how 的模式。

文秋芳（1999）将跨文化交际能力分为交际能力（由语言能力、语用能力、策略能力组成）和跨文化能力（由跨文化敏感度、包容性组成）。虽然东西方在跨文化能力维度视角有些差异，比如其他学者从东方视角还提及：移情、适应、容忍、情感、关系等，但是动机、知识、技巧、结果和上下文（motivation, knowledge, skills, outcomes, and context）是学者们普遍认可的考察维度。（Ozon Odag et als. 2016: 118-139）

2.2 行动研究的定义与实施步骤

Kurt Lewin 社会心理学家在少数民族问题研究中采用了行动研究方式，试图找到解决这种社会问题的方法，并在 1946 年对自己的研究过程进行了描绘，规范为三步骤：问题计划–问题实行–连续评价。他建构的行动研究理论使行动研究成为可接受、可操作的研究方式。80 年代末，现代行动研究进入教育领域。Kolb于 1984 年提出，行动研究应当在人们自己的知识与经验基础上，批判、反思学习、创造知识，形成抽象概念，并检验这些概念在新情境中的应用。教师担当研究者，把课堂做为实验室，不断发现教学中的问题，寻找有效的解决办法，在实践中验证理论，改进教学，以增强对课程大纲、教学和学习的认识和再认识，是个螺旋上升的过程。Ferrance（2000: 9）提出了行动研究五大步骤：发现问题、收集数据、对其归类、解释数据、根据数据开展行动以及反思（常晓梅，赵玉珊，2012: 27-34）。本论文按照这五个步骤进行本跨文化教学模式的行动研究。

2.3 课堂提问的 IRF 模型

Postman 等指出：一旦你学会了如何问问题，你就学会了如何学习。学生提问的过程，其实就是反思，批判的过程。学生成为课堂提问主体时，他就是一个反思者、批判者、生成者、加工者。（卢正芝，洪松舟，2010: 43-45）而跨文化交际能力其实也是培养学生一种批判性思维能力和批判性文化意识。提问作为提升互动的重要教学方法，在学术界有较多相关的研究，国内外研究主要集中在教师课堂提问的类型、学生的反应、教学的效果以及三者之间的关系（李庆生，孙志勇，2011: 58-64），但是，有关学生之间互相提问的研究寥寥无几。

1975 年，Sinclair 和 Coulthard 研究发现课堂上师生互动总是围绕着"问题–回答–反馈"的回合进行，确定了课堂语篇分析模式即伯明翰模式（Birminghan Model），或 IRF。I 指教师提问；R 指学生对教师提问做出的回答；F 指教师对学生回答所做的评价或反馈。（杨永东，2008: 200-201）Mehan 等学者认为，一个会话进程通常至少包括三个话轮，即"启动–回应–后续"（initiation—response—follow-up）（Mehan, 1979；Barnes, 1992；Nassaji & Wells, 2000），回应可以是多个话步。本作者认为探究式是四个以上话轮，即"启动–回应–针对 A 回应的多轮提问–后续"（initiation—response—N questions about responses—follow-up）。Q 是启动提问；A 是回应；Q（a（1）—a（n））是针对上一个 A 回应的话题的（多轮）探究式提问 / 追问，以澄清理解，或者挑战说话人，重点是看提问是否"有情绪色彩"还是"中立的"；follow-up 一般是"致谢–婉拒"之类的客套话语，或者是正面评价，信息补充、修正、重述、评论。

"授人以鱼"不如"授人以渔"，本研究试图论证学生掌握和使用提问技巧，尤其是探究式提问 / 追问句式的运用，是否有助于他们加深互相理解，提升他们协调和解决差异或冲突的能力。本研究，借用 IRF 模式，研究提问的主体改为学生。研究学生与他文化的人在采访中跨文化模拟游戏中的讨论，生生互动中，提问尤其是探究式提问 / 追问对跨文化交际能力发展的影响。

2.4 课堂提问的类型和提问策略简要介绍

关于课堂提问的类型，从不同的角度有不同的划分方法。这里主要介绍两种划分方式，一种依据回答问题所需要的认知操作水平，另一种依据答案的开放程度。按照 Bloom 的教育目标分类学，依据回答问题所需要的认知操作，可以将提问分为六种类型，即（1）事实型问题：是什么？什么时候？怎么样？等；（2）理解型问题：深入思考并用自己的语言清楚表述；（3）应用型问题：知识应用到新的领域；（4）分析型问题：运用多种材料验证观点；（5）综合型问题：整合已有知识解决问题；（6）评价型问题：有理有据地作出判断，并清楚解释。其中，前三种属于低认知水平的提问，后三种属于高认知水平的提问。

Barnes 等 1969 年按照答案的开放性，即提问的答案是否唯一，将提问分为两大类。一类是封闭式问题，另一类是开放式问题。封闭式问题往往有一个或几个"正确"答案，有的针对既存事实或已学知识，回答时主要借助于再认或再现，可以成为事实性提问；还有的需要学生循着一定思路理解和解决问题，最终得出一个或几个正确的结论，这些可成为结论性提问。开放式提问往往注重探寻解决问题的过程，没有唯一正确的答案，学生可以按照一定的逻辑、借助相应的证据对自己的答案进行解释和验证。

1983 年 Long 和 Sato 在前人的基础上将提问分为回应类问题（理解检查类、澄清类及确认类）和认知类问题（参考性、展示性、表达类及修辞类）。回应类问题旨在检查学生是否理解问题，无法导致学生更多的语言输出。这类问题要么是要求重复话题，要么是核实理解；认知类问题中的表达类和修辞类问题通常是提问者提出问题，但不需要学生回答。而认知类问题中的参考性提问（教师对未知的信息的提问，它没有确定的答案）和展示性提问（教师对已知信息的提问）旨在从学生那里获取更多信息。

提问策略主要分为：自我解释、追问、促发和重复四类。具体应用如下：在课堂上，教师通常提出问题之后，并在学生给出答案之前，向学生自我解释、澄清问题，为学生理解扫除路障；当学生未做出正确、完整的回复或未回复时，教师会继续发问或做出评论以引出学生的答案，可通过这个促发策略鼓励学生尝试做出回复；在学生回答正确的情况下，为了使学生提供更具体、更深入的信息，可以通过追问，引导学生产生更加完整、充分的答案，也可以加深学生对问题的理解，同时促进师生互动，发展其批判性思维；重复策略能够帮助学生重新理解问题。

上面提到的主要是课堂提问与课堂、教师、学生等的关系与作用。本项行动研究围绕探究式提问／追问展开。原因是跨文化交际中，与他文化的人交往，不仅仅是信息的分享，更多时候是通过对一个问题／话题的不断沟通，增加相互之间的理解和包容，也减少不必要的误会。要达到这个目的有许多方法，本论文主要探讨在沟通过程中增加使用提问，尤其是探究式提问／追问句式，采用 Bloom 五种问题类型后三种类型——分析、综合和评价，提出开放性问题和／或参考性问题，不强加自己的观点于对方，避免因单一身份而对非本民族文化持模式化态度，是否能引导双方对问题更深入、全面的理解，从而扩大包容，解决可能的跨文化冲突。而且，本论文采用质性分析的方法来阐述它们之间是否存在这种关系。

2.5 BaFáBaFá 跨文化模拟游戏简要介绍

BaFáBaFá 模拟游戏，是目前最为广泛应用，最为知名的一个跨文化模拟游戏。由 Garry Shirts 开发，并于 1974 年推广。游戏参与者通过"旅行到他文化中"／或与不同价值观、不同行为方式、不同解决问题方式的他文化的人交往，体验"文化冲突"，帮助他们更好地理解文化对人及其组织的影响。游戏参与者分为两个组 Alpha 组和 Beta 组。这两个组使用不同的语言，文化相背。一组崇尚集体主义、以人为导向；另一组崇尚个人主义、任务为导向。各自清楚本组的要求后，到对方的组，按照自己的文化价值、行为方式及思维方式等与对方交往，体验在我文化中被认为没有理性，和不重要的事，在他文化中可能就变成了"理性，和非常重要的事"。游戏因活动氛围、目的、成败标准不同，即使靠近对方也难以彼此理解、交流，需要克服种种障碍，实现双赢。本次行动研究，采用跨文化模拟游戏，不仅要学生体验"文化冲突"，还要帮助他们提升跨文化意识和包容度。有关跨文化模拟游戏与跨文化交际意识培养之间的关系，已有专家做了相应的实证研究，证明其有效性。1978 年 John Glover, Dan Romero, Pat Romero, & Chris Peterson, Chris (1978: 291-296)，对 84 位参加 BaFáBaFá 游戏的本科生做了实证研究。结果发现，BaFáBaFá 模拟游戏对改变人们对不同文化的态度十分有效，从而提升一个人对他文化人的不同行为和习惯的容忍度的能力。Swain & Smith（2003: 197）对某大型企业 52 名员工也做了实证研究。52 人分成两组，一组 32 人作为实验组，参加跨文化模拟游戏，另外 20 人只做调查问卷，研究结果显示实验组降低了民族主义中心论及教条主义，提升了文化意识和增加对文化相对性的理解。在本次行动研究中，任课教师修改了游戏的部分设计，以达到该教学班将跨文化交际技能培养融入于英语教学之中的目的。修改部分为，Alpha 组和 Beta 组使用相同的语言——英语。文化和价值观仍不同，故引导学生体验"文化冲突"，提升跨文化意识，包容度。

3. 跨文化教学的行动研究

3.1 跨文化教学中存在的问题

2015 年本文作者所在大学做的校本调查第一阶段中，采访了 12 名双学位双专业学生，针对的八类问题分别是：课业负担，自主学习方法，教学方法 pros & cons，语言技巧的实际运用，课程直接收获，课程效果和实践活动，按照培养计划，即：加大输出（说、写）、强调自主学习、提供多元实践机会，以及跨文化交流意识培养分为四个维度做了初步解读。经过 12 个受访者本人同意，对采访进行了录音及转写。对初步的材料做了质性解读发现，有关跨文化的问题，有学生提到：很喜欢老师分享国外的生活、工作经历。有的学生提到喜欢老师在课上让看、听、读一些与文化有关的内容。学生提到的主要还是跨文化输入（knowing-that）方面的内容。有的老师在交流时，提到有意识地让学生在课上做了跨文化能力培养方面的练习（knowing-how），但是，在访谈中，学生没有提到这一点。在访谈中，一位学生谈到她做外景主持人，采访外国人的经历时，说到："我感觉跟他们聊天，基本上都是他们问我问题，就是他们会问很多关于中国的，然后会问你那个什么字是什么意思啊，比较多的是他们问我，反而我少去问他们了。"说明跨文化输入 knowing-that 容易成为显性的知识，被学生记得或识别，而跨文化交际能力中的 knowing-how 比较缺失是一个大的问题，需要老师在帮助提升学生语言能力的同时，教学中让学生认知、实践来获得这种能力。本论文尝试融跨文化交流技能培养于大学英语教学的一种方法。另一个问题是根据作者多年教学经验，发现学生有时在讨论话题或辩论时，自说自话，你说你的，我说我的，内容像两条平行线互不相交，而且，多用陈述句、反意疑问句、直接提问（direct question）、封闭式提问（close question）、开放式提问（open question），较少探究式提问（probing question），导致有效沟通较少，很难对问题有深入探讨。这一观察也在 Li & Nasi 针对中英商科学生课堂小组讨论方式做的对比研究中得到进一步证实。Li & Nasi（2004: 13-30）发现中英学习小组讨论互动结构差异为：中国学生在每下个话步，更多地是给出新观点和信息；英国学生在每下个话步，喜欢对前一说话者所说内容进行澄清、解释、评论并表示认同，从而扩大互相理解并促成新话题的产生。有一次学生对本文作者说："老师，以后我们每次的口语课都辩论吧！可以很好地练外语，还有'打败'对方的感觉很爽！"由此可见，学生对问题讨论的目的并不清楚。本论文试图利用行动研究的方法论证，提问技巧，尤其是探究式提问句式在多个话轮的运用，能否扩大相互之间理解，尤其在跨文化交际中增加对不同文化的理解，提升学生协调和解决差异或冲突的能力，提升容忍度，拥有开放的心态。

3.2 研究数据收集及分析

为验证上述问题，本文作者选择了所在学校一个 23 人双学位双专业一年级本科生为研究对象，在 2016 年 3 月至 4 月底之间，进行了初步的行动研究。第一组数据为学生在无外界干扰，自然的状态下，使用提问，尤其是探究式提问情况做了前测，获取了相应的原始参照数据。第二组数据产生于 BaFáBaFá 跨文化模拟游戏开始阶段，学生在规定的人物、文化等场景下，但没有受到来自外界，比如教师的"干扰"的情况下，使用探究式提问 / 追问的数据。第三组学生在练习了探究式提问 / 追问之后获取的数据。采用了质性分析的方法，比较、分析一组（参照）、二组和三组数据，看提问技巧，尤其是探究式问题句式能否帮助学生提升跨文化交流意识、沟通技能，解决或缓解"冲突"的能力。这三组数据做了录音及转写。

第一组数据来源（注：为了对比学生用英语课下讨论与用中文讨论在讨论策略和句式的差异，三个组用英语，一个组用中文讨论）：3 月开学初，小组课下讨论准备相关演讲理论及技巧的录音材料（样本 1，样本 2，样本 3 及样本 4（小组课下用中文讨论如何做小组的 presentation）均参见 Appendix 1）；

第二组数据来源：收集 3 月底学生采访外国留学生或专家有关他们在中国的生活及遇到的文化冲突问题；以及 BaFáBaFá 跨文化模拟游戏开始阶段，学生为坚持自己的文化所做的反思的对话录音材料。

第三组数据来源于 4 月为期两周的学生模拟游戏及部分讨论的录音。模拟游戏及讨论是在课上进行，有一定的场景、人物、文化等设定。

第一组数据

	总话步数	Q 启动问题（话步数）	R 回应	Follow-up 后续（话步数）
英语课下讨论 S-1-1	29	3	26	0
英语课下讨论 S-1-2	33	0	33	0
英语课下讨论 S-1-3	31	0	31	0
中文课下讨论 S-1-4	61	9	52	1

用英语课下讨论：样本 1-29 个话步（注：一句话算做一个话步，一个人一次讲的全部的话算做一个话轮）

样本 2-33 个话步

样本 3-31 个话步

用中文课下讨论：样本 4-61 个话步

S-1-1（样本 1）的 29 个话步中，话步 1 提出要讨论的问题——即 Q（启动问题），回应（话步 2-29），除第 14 和 21 话轮之外，均为陈述句，更多的是给出新观点/信息；第 14 话轮是对第 1 话步提问的重复；第 21 话轮问题只是确认讨论是否结束，而非引起新的思考。

S-1-2（样本 2）的 33 个话步及 S-1-3（样本 3）的 31 个话步中，没有 Q（启动问题），全部为陈述句，每人给出自己负责那部分材料的大意或观点。

S-1-4（样本 4）的 61 个话步中，话步 1 提出要讨论的问题——即 Q（启动问题），回应（话步 2-61），除第 2、3、7、9、12、15、17、21 话轮外，均为陈述句。与英语讨论相比，疑问句式多一些，但是话轮 9，话论 15 中的第一个问题和 21，是用疑问句句式表达了反对的意见，绝大部分时间，由一位同学主导了讨论，给出观点/信息，别的同学较少参与讨论，贡献新的观点，更无法就所说内容进行解释、评论，从而扩大互相理解并促成新话题的产生。

第二组数据（1）

3.2.1 学生在校园采访外国留学生或专家有关他们在中国的生活及遇到的文化冲突问题。

	总话步数	说明采访意图，获得采访许可（注：这个可以是陈述句）	启动问题（话步数）（ Initiation ）	回应（陈述句）（话步数）（ Response ）	回应（针对同一话题探究式提问／追问）（话步数）（ N questions about responses ）	后续（话步数）（ Follow-up ）
S-2-1-1（采访1）	11	0	3	6	1	1
S-2-1-2（采访2）	26	5（其中2个Q）	5	12+1个Q（表示否定）	0	3
S-2-1-3（采访3）	26	5（其中1个Q）	5+1个陈述句	11+3个Q（表示询问或确认）	0	1
S-2-1-4（采访4）	17	0	7	8	0	2
S-2-1-5（采访5）	9	0	3	6	0	0
S-2-1-6（采访6）	8	1个Q	3	4	0	0
S-2-1-7（采访7）	9	0	3	5	1	0
S-2-1-8（采访8）	33	1	6+1（表示抱歉＋长时间停顿）	23+1（用于鼓励）	0	1
S-2-1-9（采访9）	18	4（其中2个Q）	3	7	1	3
S-2-1-10（采访10）	32	2	3+3（赞同被采访者）	16+2个Q	1	5
S-2-1-11（采访11）	8	0	4	3	0	1

（待续）

	总话步数	说明采访意图，获得采访许可（注：这个可以是陈述句）	启动问题（话步数）（Initiation）	回应（陈述句）（话步数）（Response）	回应（针对同一话题探究式提问／追问）（话步数）（N questions about responses）	后续（话步数）（Follow-up）
S-2-1-12（采访12）	24	1	5	12+2个Q（表示澄清）	2（1个Q+1个个陈述句）	2
S-2-1-13（采访13）	23	0	7	14+1个Q	0	1
S-2-1-14（采访14）	10	0	4	5	0	1
S-2-1-15（采访15）	12	0	4	6	0	2

尽管在学生采访之前，提醒学生要告诉受访人采访的目的，并告诉对方要录音，询问是否可以，最后，不要忘了感谢对方，采访中仍出现了一些跨文化交际问题。比如 15 个采访中有 8 个未礼貌地打招呼，说明采访缘由，3 个未感谢对方的采访，或不能领会对方不愿回答等的问题。在转写的过程中，问学生当时的情况，他们解释当时由于太紧张，或者由于时间的压力，就忘记做了。但是，本论文只是集中研究有关解决"文化冲突"部分提问和／或追问的情况，礼貌等跨文化交际的问题不作为探讨的内容。

在 S-2-1-1（采访 1）至 S-1-1-3（采访 3）中（注，以下简称采访），使用一般疑问句，分别启动了 3 个，5 个和 6 个话题。尽管使用了开放性问题，但因未能就对方的回答追问／探究式提问，所以没有获得许多必要的信息。事后，在转写过程中，与学生沟通时了解到，他们有的第一次与外国人面对面说话，还是太紧张；有的觉得问一次，别人不回答，也无所谓了，反正完成了任务；有的觉得再问就不礼貌了。

相对于采访 1 和采访 3，采访 4 至采访 15 获得了相应信息。但因为没有对相应信息进一步探究／追问，也只是止于信息本身，而没有进一步比较、对比文化差异，中立地评判这些差异，深入挖掘其后的原因，较难提升批判性思维能力，即跨文化交际的能力。比如，采访 4，用特殊疑问句，开放性问题问有关在中国是否遇到文化冲突的问题。被采访者回答"I think it's shouting and speaking loudly on the subway and spitting"，采访者没有再深入提问"请问你经常坐地铁吗？每一次都是这样吗？"或者"你觉得为什么大声说话不好呢？"采访者也可以与被采访人分析、比较/对比两种文化中大部分人在这些场景的做法，及可能的原因，从而使采访者与被采访者看到自己的"盲区"，增加彼此了解和沟通，化解"误会"。采访5，6，7，9，10，11，12，14，15用一般疑问句，开放性问题提问有关文化差异的问题。以采访5为例，被采访者回答"Almost everything. When I first got here，I mean. My Chinese colleagues told me that I shouldn't dress like this teaching."采访者也没有继续针对同一个话题再提问和追问为什么不可以。比如，在你们国家是怎样的，老师有着装要求吗？/那些老师为什么那样说？我个人认为只要舒适就好，你怎样认为？等等；再以采访9为例，被采访者回答"Girls never go hand in hand. We are more open-minded，more friendly，and more direct. Chinese 要面子。"采访者也没有继续针对这个话题再提问和追问，"在中国这个现象很普遍，在你们国家不是这样的吗？为什么女孩子不可以手拉手？这个要面子的事，有时我们也觉得是，你遇到过中国人要面子的事情吗？""为什么你觉得中国人要面子？"等等。

除采访8和10，被访谈者积极主动地配合外，其他采访没有更好利用提问，尤其是探究式提问/追问。

在15个访谈中，只有6个（采访1，7，9，10，12）用了一次探究式问题/追问，1个（采访12）用了两次，进一步获取为什么外国友人对文化差异和冲突有不同的理解。采访10，被访谈者给了许多信息，但是避开了回答他自己是否经历过文化冲突。

第二组数据（2）

3.2.2 对 BaFáBaFá 跨文化模拟游戏中，坚持自我价值观和观点的反思

	总话步数	启动问题（Initiation）	回应（陈述句）（话步数）（Response）	回应（针对同一话题探究式提问/追问）（话步数）（N questions about responses）	后续（话步）（Follow-up）
BaFáBaFá game 坚持自己价值观和观点—S-2-2-1(反思1)	25	2	23	0	0

（待续）

（续表）

	总话步数	启动问题（Initiation）	回应（陈述句）（话步数）（Response）	回应（针对同一话题探究式提问/追问）（话步数）（N questions about responses）	后续（话步）（Follow-up）
BaFáBaFá game 坚持自己价值观和观点—S-2-2-2（反思2）	23	0	21	2	0
BaFáBaFá game 坚持自己价值观和观点—S-2-2-3（反思3）	11	0	11	0	0

反思 1 的 25 个话步中，除话轮 7，学生用到了一般疑问句式，"do you like the atmosphere in our or your drama? Does the atmosphere make you happy?"

反思 2 的 23 个话步中，除话轮 7 和 8，学生用到了特殊疑问句式和一般疑问句式，开放性问题，"But where does competition come from?" 和 "Like families?" 这些疑问句均表达了反对意见。其他为陈述句。

反思 3 的 11 个话步中没有用到问句。

与第二组数据（1）中的样本 5 和样本 7 一样，没有用到启动问题 (Q) 和后续 (Follow-up)。在转写过程中，与学生沟通为什么没有启动问题 (Q) 和后续 (Follow-up)，他们表示还处在游戏当中，情绪受到影响，只是急于表达自己的观点，没想到还得客气客气！

3.3 第三组数据

在跨文化游戏环节，学生因遵循本文化的价值观，行为方式等，而与"他文化的人"接触，沟通，看能否感到文化差异的存在，并且采用辩论方式做游戏反思；练习探究式提问追问，通过对同一问题有意识地增加探究式问题提问/追问次数，看问题的探讨是否能够比较深入一步，帮助自己和对方"较中立"地看待文化中的不同。

3.3.1 第一次提问练习之后被观察两组的数据

	对话的总话步	启动问题（话步数）（Initiation）	回应（陈述句）（话步数）（Response）	回应（针对同一话题探究式提问/追问）（话步数）（N questions about responses）	后续（Follow-up）
S-3-1-1（提问练习1）	28	5	19+2个Q	2	0
S-3-1-2（提问练习2）	44	8	31	5	0

提问练习1的28个话步中和练习2的44个话步中，分别使用了5个和8个启动问题，2个和5个探究式提问，比如 You mean… What do you think of…? 不断确认，以利对同一话题的理解。有意识地使用了课堂练习过的句式，推动话题不断深入，达到沟通的目的。

3.3.2 第二次提问练习之后的几组数据

	对话的总话步	启动问题（话步数）(Initiation)	回应（陈述句话步数）(Response)	回应（针对同一话题探究式提问/追问（话步数）(N questions about responses)	后续(Follow-up)
S-3-2-1（教学反思练习1）	47	4	33	6	4
S-3-2-2（教学反思练习2）	31	5	19	6	1
S-3-2-3（教学反思练习3）	18	3	12	2	1
S-3-2-4（教学反思练习4）	21	4	10	5	2

S-3-2-1（教学反思练习1）的47个话步中，话轮1，7，8，10，12，14和16学生用到了问句形式，6个探究式问题。S-3-2-2（教学反思练习2）的31个话步中，话轮1，2，3，4，6，7，9，13中，学生用到了问句形式，6个"有关

connection"的探究式问题。S-3-2-3（教学反思练习3）的18个话步中，学生在话步1，4，6，7，10中，用到了问句形式，2个探究式问题。S-3-2-4（教学反思练习4）的21个话步中，话轮1，6，7，8，9，10，11中，学生用到了问句形式，5个探究式问题，增加双方对同一话题双方的理解，同时引导对方找到自己的答案。

3.3.3 演讲之后一组演示对话的练习

	对话的总话步	启动问题（话步数）(Initiation)	回应（陈述句话步数）(Response)	回应（针对同一话题探究式提问/追问（话步数）(N questions about responses)	后续 (Follow-up)
演讲之后练习	28	2	18	7	1

3.3.3（演讲之后一组演示练习）28个话步中，学生在话轮1，3，5，7，10，12，14，18中用到了问句形式，7个探究式问题，以利增加双方对同一话题双方的理解，(1) S: Just now, you said you don't like chicken feet? (3) S: Why? (5) S: What makes you think so? (7) S: What do you mean "not useful"? (10) S: I know. Well, it's to some extend just like your Chinese don't like to eat "raw meat (作者：rare or medium rare) or raw insects". What do you think of your case? (12) S: Really? What may be the cause? (14) S: Then，how would you cook the meat?

话题（16）和（18）是对另一个话题的讨论，(16) S: What's your favorite food? (18) S: Why?

与第一组原始数据和第二组练习使用探究式提问/追问之前的数据相比，第三大组数据显示，学生从大量使用陈述句，转向有意识地运用较多的提问，尤其是探究式提问/追问句式。数据3.3.1中，S-3-1-1（练习1），S-3-1-2（练习2）分别使用了2个和5个探究式提问/追问句式；随着练习次数的增加，学生尝试使用探究式提问/追问句式的次数与效果也有相应增加。数据3.3.2中，S-3-2-1（教学反思练习1）至S-3-2-4（教学反思练习4）分别用到了6个，6个，2个，5个探究式提问/追问句式。数据3.3.3中，演讲之后的一个练习用到了7个追问句式。探究式提问/追问句式更有利于学生对同一问题的分析、探讨，减少盲区，增加对同一问题的理解，和对方的包容。这一点也在学生探究式提问/追问练习之后的反思中反映出来。一个学生写到：

…probing questions can be brief but powerful. A simple "why" sometimes can be the most effective way to solve the problems. Also we can try to use the structures like "what other approaches have you considered for something." "What do you think would happen if …"...we sometimes can know more information, especially about our own blind zone.

从探究式提问／追问句式的数量增加的数据和学生的反思看，学生有意识地使用追问句式有助于他们沟通，尤其是协调和解决差异或冲突的能力，促进他们的相互理解，提升包容度，拥有开放的心态。

4. 跨文化交际行动教学

4.1 行动教学总的设计

为解决本行动研究提出的问题，本文作者在 3 月份布置任务，要求学生以小组为单位，采访外国人在中国的生活，及是否遇到一些文化冲突等问题，让学生感受真实场景与不同文化的人沟通是否有跨文化交际能力方面的问题，另外，收集演讲素材，并由小组一起讨论如何按说解性演讲要求，4 月中旬课上汇报反映文化差异的结果，目的是融跨文化交际能力与公共演讲课之中。第二，针对研究数据反映出的问题，设计了为期一周（4 个小时）的模拟游戏-讨论／辩论-教师 demo 如何利用多轮问问题，尤其是探究式问题／追问，"中立"地了解游戏双方的关系，使他们从自我中心，到一步一步"de-center"看到自己及彼此的问题，从而扩大互相的理解，提升学生协调和解决差异或冲突的能力，提升容忍度，拥有开放的心态。

4.2 行动教学的具体实施

在作者所在的大学一个大一双学位双专业班级的公共演讲课上，2016 年 3 月至 4 月，使用 Lucas 的 Publish Speaking（第十版）的说解性演讲一章，借用 Byram 的跨文化交际模式，仅从提问方式的角度行动研究在关注语言教学的同时，如何关注学生跨文化交流技能的培养。通过模拟游戏 BaFáBaFá game 让学生体会"他文化"与"我文化"的异同。如何因为"捍卫""我文化"，而与"他文化"的人辩论，产生更多的"误解"，把学生从他们熟悉的文化"舒适区"拉出来。具体步骤是"提问中学习"（learning by questioning）三步法：第一步，老师示范一个"提问／追问"的策略、方法，对比学生在游戏中互相"不理解"，甚至语言"攻击"对方，引导学生看到"提问"技巧的重要性；第二步，学生互动练习提问技巧；第三步学生转化提问技巧能力到新的场景，引导学生看到自己的

"盲区"，从"我"中走出来，增加彼此的理解和包容。

具体研究方法和步骤分两大部分——BaFáBaFá 跨文化模拟游戏和说解性演讲（informative speech）。

4.2.1 BaFáBaFá 跨文化模拟游戏

1) 学生提前准备游戏，具体的要求参见 Appendix 2。

2) 游戏实施阶段

1. 介绍 BaFáBaFá game 具体操作流程和要求

学生分成两个大组，每组会秘密拿到纸条和详细的课下小组需准备课上表演的指令。一组为 Alpha：崇尚集体主义，注重人际关系，合作和较亲密的关系；另一组 Beta：崇尚个人主义，认为时间就是金钱，喜欢竞争的文化。

按照要求，各组各自课下准备，不可以提前与对方组分享自己的文化、价值观等。

课上各组表演反映各自文化、价值观的英语节目，节目场景设定为家庭，学校 / 或工作场所。

2. BaFáBaFá game 实施

练习分为六轮。

第一轮，在 Alpha 组表演的时候，Beta 组会派人作为"游客"即兴参与到表演中，参与时，一定按照本方的文化、价值观的要求行事；如果对方组觉得"游客"很怪，也不可以告诉他 / 她应当怎么做。其他 Beta 组成员观察 Alpha 组表演，注意分析、比较对方组的行为、举止、做事、为人方式等是否与自己组有不同，还有观察本组的人在对方组是否融入到那个环境里了，出现了什么问题。同样，Beta 组也会有 Alpha 的"游客"。要求是一样的。

第二轮，"游客"向自己的组汇报他们的"经历"，其他组员一起分享他们观察到的"奇怪"的事情，然后，给对方组下一个结论。

第三轮，重新分组，每组里至少有 2 个 Alpha 组成员和 2 个 Beta 组成员，为自己的文化、价值观而战，要与对方辩论自己的文化、价值观好于对方的。

第四轮，针对学生刚才争论，互不相让一个话题，教师改用探究式提问 / 追问，比如一个扮演老师的同学认为，老师为了学生好好学习，对学生就应当很凶，要求很严。教师用探究式提问，

问：我刚才观察到你是一个很敬业的老师，你应当培养了许多优秀的学生，那么，你认为什么是好学生？

答：主要就是学习好。

问：那为什么要他们学习好呢？

答：他们可以上个好大学，我也可以拿到一份奖金。

问：看来老师真的不容易，还要为生计奔波。除了这个原因之外，为什么希望学生上个好大学呢？

答：会找个好工作，希望他们有个幸福光明的未来。

问：幸福只是物质方面的吗？

答：当然不是了，还有精神层面的……哎呀，老师我明白了……！

探究式提问/追问除了可以缓解/化解"冲突"，增加理解，还可以引导双方看到自己的"盲区"，扩大自己的视野和开放的心态。

第五轮，学生按照材料上大量的例子，练习如何使用探究式提问/追问。场景可自定，也可以一些人扮演中国数学老师，另一些人扮演刚来的外国数学老师。场景是，一群数学特别好拿过数学奖项的学生上外教的数学课。外国老师上课时，让学生讨论、分析、推理演算一道相对比较简单的题，结果，没响应，老师以为他们不会，继续解释，学生更不耐烦，结果，这节课不成功。课下，中外老师讨论反思这件事，要求在讨论中，用到探究式提问/追问，看看能否找到比较好的解决办法。

第六轮，学生重新分组，讨论"误会"何时、怎样、为什么产生了，对个人及相应的文化的影响是什么。同时讨论探究式提问/追问是否能帮助他们缓解"误会"。

4.2.2 利用真实采访材料练习说解性演讲

1. 各个小组按照采访的真实材料，并按照说解性演讲的要求，做一个本组的演讲。

在一个小组做的时候，其他组记录下反馈的关键点，包括听众分析是否到位，题目选择是否合理，演讲目标明确与否，主要信息是否披露，还要按照评估的表格，记录演讲组在演讲组织结构、与听众的互动/联系，信息翔实、有趣，着装及形体语言方面给出具体反馈。

2. 重新分组，每个组里包括来自不同文化的人，按照各自记录的信息，分析、比较、对比中国文化与他文化的相似与差异。

3. 最后，讨论自己的态度、思维定势及言语表达的变化是否会使自己在跨文化沟通中做得更好。

4.3 行动研究的反思

近两个月的行动研究结束之后，本文作者请学生做了反思，包括四大方面：一、真实的采访对学生跨文化差异的意识/反思效果；二、模拟游戏是否能够让学生感受到文化差异的不适应的效果；三、极端的让学生坚持自己的价值观、文化等，与使用提问技巧练习做对比，看看提问，尤其是探究式提问是否有助于学生学会 de-center 的意识；四、学生融真实的采访材料与公共演讲课的可能性，并据此得出了相应的 4.3.1，4.3.2，4.3.3 和 4.3.4 结论。下面摘取部分学生的反思日记。

4.3.1 真实的采访有助于学生对跨文化差异的意识或反思

学生在真实的与外国人交际的场景中，不仅可以练习语言，更能增加他们的自信，而且，可以让他们发现跨文化交际误解确实存在。正如学生在反思中写到的：

1) 采访的过程中，好的地方，就是一开始就很明确地表明自己的身份，然后告诉他们我们在做一个小调查，表示抱歉会耽误他们一点时间；做的欠缺的地方是有点胆小，看到外国人走过经常不敢上去开口，错过了很多，不过后来好一些，还有就是有的地方的口音也不是特别清晰，我们没能很好地沟通和继续提问，可能对临时针对他们的回答的进一步提问还没有很好的想法，总感觉问的问题都有些浅层次，有很多问题当时没想到，前期准备工作还是不太充分。

2) 在采访中，做得好的部分有前期与外国人的沟通做得比较到位，所以整个采访过程比较愉快。问问题方面的不足有：我们应该根据被采访的外国人的回答再问一些相关的问题，而不是只问已经准备好的问题。

3) 采访中，我们先是确定在英语角采访外国人，然后组长让大家各提几个问题，最后整个小组一起讨论，选择出对大多数外国人最常规但又困扰他们，同时又适用于中国学生的问题。但下次设置问题时应该再分别选几个对外国人和中国人而言不同的问题，更能看出文化差异。

4.3.2 模拟游戏达到了让学生感受到文化差异的不适应的目的

模拟游戏开始阶段，"两种文化"的人因遵循自己的"文化、价值观"等，导致互相"不理解"，甚至语言"攻击"对方。感受这种文化差异的不适应，在于引导学生看到"跨文化交际"中，因为沟通、表达的问题，会造成不必要的误会、误解，进入自己的"盲区"，从而认识到要解决这种不适应的必要性。

正如学生在反思中写到的：

1）我是正常的 participant，他们 visitors 表现出了很理性的思维和生活方式，但是有些冲撞家长、老师的情况发生，可能在西方会允许思维开放随便就讲出来自己的问题 or 想法，但在中国传统上还是要尊师重道，讲求礼仪，所以其实随随便便插话顶撞长辈会显得没有教养，虽然时代开放了，但是大部分还是比较保守的，特别是在中国竞争性教育下，文化差异还是挺大的。感觉他们对我们的误解还是蛮多的，被老师训被同学排斥都让他们挺难过又不理解。

2）游戏第三轮用 "Assuming what you've said..." 这个句型先假设他们的正确性（忘记他们当时讲的哪个点了），然后一直着眼于 competitive 会导致目标缺失，使人疲惫等问题进行反驳，与对方组展开了针锋相对的辩论，体会到"自我中心"的问题。

4.3.3 提问技巧，尤其是探究式问题/追问有助于减少误解

认识到要解决文化差异不适应的必要性后，学生要了解通过何种方式可以解决这个问题。解决方式可以是多种的，但在课堂有效的时间内，让学生了解、实践提问，尤其是多轮对一个问题的不断探究式问题/追问，可以较有效地化解误会、误解，也看到自己的"盲区"，对对方有了更多的包容和开放的心态。

正如学生在反思中写的：As for asking question part, we learnt how to dig in. When we asked a question, they didn't answer in a direct way. For example, when we mentioned some food that we cannot accept, they would declare that not everybody liked this kind of food. And we could then discuss and showed our interests about why some native people cannot accept this either.

4.3.4 跨文化交际能力培养可以融入公共演讲课教学

语言在跨文化交际中占有很重要的地位。选取真实的跨文化材料做演讲素材，可以引起听众和演讲者的兴趣，还可以练习公共演讲的技巧，两者是可以兼顾的。

正如学生在反思中写到的：

1）我们是根据采访到的录音和一些聊天记录，大部分都表示在饮食方面的差异，所以我们就决定从饮食方面讲述文化差异，然后就很详细地列了大纲：食物、烹饪方式、食用方式、餐桌礼仪。考虑到是同龄人，就觉得偏重食物方面会比较吸引人，并且放一些看起来很好吃的图片比较吸引人，然后展开详细地解释 main body，目的是让大家清楚在饮食方面的一些差异。

总之，跨文化交际能力通过运用较真实的材料，融入到公共演讲课上。而且，真实的材料更有助于引起学生的演讲兴趣。

另外，通过对学生使用探究式提问/追问技巧数据前后对比，看到随着探究式提问/追问句式使用次数的增加，对一个问题的多轮追问，学生体会到这种句式在跨文化交际中增加理解，化解误会的作用。本行动研究结束时，问到全班同学这种句式对他们在沟通，尤其是跨文化交际中的作用，18 个（78%）同学认为会非常有效；2 个（8.7%）认为会有效，但是，自己的英语水平较低，可能有时随机现场追问掌握不好；还有 3 个（13%）同学认为无所谓，反正自己的英语水平怎

么都应付得了。总之，探究式提问 / 追问技巧的应用在跨文化交际中，可以帮助这些学生对一个问题的更好理解，减少误解和"冲突"。

4.4 行动研究存在的问题

该行动研究，学生采访部分是在真实的跨文化交际场景中进行，但是，模拟游戏 BaFáBaFá game 及之后的探究式提问的练习是在模拟游戏及课堂场景下呈现的，学生在真实的跨文化交际场景中，是否能够恰当地利用这种跨文化交流技能，达到减少误解，增进理解，还有待进一步研究并得到证实。

参考文献

Barnes, D. (1969). *Language, the Learner and the School*. Penguin: Penguin Papers in Education. *62*(6): 128.

Byram, M., Gribrova, B. & Starkey, H. (2002). *Developing the Intercultural Dimension in Language Teaching: A Practical Introduction for Teachers*. Strasbourg: council of Europe.

Byram, M. (1997). *Teaching and Assessing Intercultural Communicative Competence*. Clevedon: Multilingual Matters. 10: 70-73.

Canal M., Swain, M. (1980). *Theoretical Bases of Communicative Approaches to Second Language Teaching and Testing*. Oxford: Applied Linguistics.

Ferrance, E. (2000). *Action Research*. Rhode Island: Northeast and Islands Regional Educational Laboratory at Brown Univesity.

Hymes, D. (1972). *On Communication Competence*. Pride, J.B, Holmes, J. *sociolinguistics: Selected Readings*. Harmondsworth, England: Penguin Books. 269-293.

Li, M. & H. Nesi, (2004). *Exchange Patterns in Small-group Discussion: A Comparative Study of Chinese and English Discourse in Peer Group Divergent Discussion Task*s. The East Asia Learner. 1(2): 13-30.

Glover, John A., Romero, Dan, Romero, Pat & Peterson, Chris. (1978). *Effects of a Simulation Game upon Tolerance for Ambiguity, Dogmatism and Risk Taking*. The Journal of Social Psychology. 105(2): 291-296.

Odag, O., Wallin, H. R., Kedzior, K.K. (2016). *Definition of Intercultural Competence According to Undergraduate Students at the International University in Germany*. Journal of Studies in International Education. CA: Sage Journals. (2): 118-139.

Swain, K. Smith, R. & Mills, V. Mission, T. Hofstede, G. (2003) *Short- and Long-term Effects of Participation in Cross-cultural Simulation Game on Ethno-centrism, Dogmatism, Cultural Awareness and Understanding of Cultural Relativity*. Journal of Psychology. 55: 197.

常晓梅，赵玉珊．(2012)．提高学生跨文化意识的大学英语教学行动研究．外语界，2: 27-34.

高永晨．(2006)．大学生跨文化交际能力的现状调查和对策研究．外语与外语教学，11: 26-28.

韩晓蕙．(2010)．高校学生跨文化交际能力培养的现状与思考．外语学刊，3: 106-110.

郝钦海．(2010)．国际化人才跨文化交际能力的培养目标．首都经济贸易大学学报，5: 119-122.

李庆生，孙志勇．(2011)．课堂提问：是获取信息还是挑战？——对大学英语课堂中教师提问功能的会话分析．中国外语，1: 58-64.

卢正芝，洪松舟．(2010)．课堂提问主体转向学生的教学论意义．中国教育学刊，8: 43-45.

胡文仲．(2013)．跨文化交际能力在外语教学中如何定位．外语界，6: 2-8.

孙有中．(2016)．外语教育与跨文化能力培养．中国外语，3: 16-22.

文秋芳．(1999)．英语口语测试于教学．上海：上海外语教育出版社．

王艳萍，余卫华．(2008)．非英语专业大学生跨文化交际能力的对比研究．南华大学学报（社会科学版），3: 103-106.

许力生．(2011)．跨文化交际能力构建再认识．浙江大学学报（人文社会科学版），3: 132-139.

杨永东．(2008)．用 IRF 模式对英语课堂教学互动的分析．长沙铁道学院学报（社会科学版），2: 200-201.

杨盈，庄恩平．(2007)．构建外语教学跨文化交际能力研究．外语界，4: 13-21.

周星，周韵．(2002)．大学英语教师课堂教师话语的调查与分析．外语界，1: 59-68.

张卫东，杨莉．(2012)．跨文化交际能力体系的构建——基于外语教育视角和实证研究方法．外语界，2: 8-16.

于玚．(2016)．中国学生发展核心素养．中国教育学刊，10: 1-1.

冯光武．(2017)．把握国标精神、找准学校定位、突出专业特色——《高等学校英语专业本科教学质量国家标准》的实施建议．外语界，1: 2-6.

Appendix 1: 第一组数据（课前讨论）

样本 1：29 个话步

1. S: Why is it ethical for politicians, business leaders and other public figures to have ghostwriters but unethical for students to have someone to write his speeches?

2. S: Firstly, politicians are too busy, have no time to write the essays for their speeches by themselves, but they can convey their main points and ideas to their...

3. S: to their team of ghostwriters.

4. S: Their ghostwriters can...

5. S: Then politicians can have the main structure and idea and discuss with them...

6. S: With ghostwriters in more details to the speech.

7. S: But plagiarism is just copying other's ideas without your own thought.

8. S: So it's important for students like us to have our own thoughts, so never copy other's speech.

9. S: Also the ghostwriter often are better at writing speeches than politicians and businessmen, like them to write the essay to the public. The speech will be polished by them. As a listener, audience will be happy to hear a better speech than a worse one.

10. S: Having a ghostwriter help politician to avoid political errors.

11. S: Yeah.

12. S: Sexism, racism. Something like that.

13. S: Avoid those things spoken by the public figures.

14. S: What is the difference between plagiarism and ghostwriting?

15. S: I think there is a big difference between them, because politicians and businessmen, they pay for the ghostwriters to help them to finish a speech. But most of the students just simply surf on the net, simply copy without, without the original...

16. S: Without permission.

17. S: Yeah, without permission of the original creator.

18. S: The plagiarism is copying the whole essay, which has been issued, but

ghostwriting is creative that contain both the people's ideas.

19. S: Yeah. Their ideas come from the team made up by politicians and ghostwriters. So it's also a kind of creation. It's not copy.

20. S: It combined the ideas of politicians and writers' good writing.

21. S: Finished?

22. S: We should strengthen our abilities. We should crate our own things and avoid plagiarism whether accidentally or...

样本 2：33 个话步

1. S: She describes her love very vividly and specifically. She links her love to her life experiences. In the last paragraph, she cites the family basketball coach... The words of him is very useful.

2. S: The writing is great way to get expert opinion out...(Stumble)

3. S: When we are in this age, we don't have any academic achievement, but in the future when we grow up, we may do some academic research, we should pay attention to plagiarism.

4. S: When we give a speech, we should give our audience the chance to think the topic over. We also should make audience interested in our topic. First, we should find the topic that audience interested in. I like...speech at the graduation ceremony, named "The Three Stories of My Life". When she speaks, she told the stories of her true life. It's easy to understand and interesting.

5. S: I think opening paragraph of each speech get the attention of audience, for example, if you are confident when you go to stage, you will make your audiences feel your speech believable, use body language appropriately.

6. S: To keep the listeners to follow the progression of ideas, you can use words, like first, second...

7. S: As for the introduction speech, you may start by giving a self-introduction. My thought is that in the classroom, in front of your teacher and classmates, you may give them a clear self-introduction. Outside the classroom, your audience will know you before your speech, give them a brief introduction. So we're giving a speech, we have to prepare it.

8. S: I think A is plagiarism. In the paragraph he said what he writes is from *New York Times*. When he quotes the professor's words, he mentioned the professor's name.

9. S:　I think B is plagiarism, because she just paraphrase it and didn't mention the professor's name.

10. S:　I think C is not plagiarism, but it is not said clearly. She just mention it's discovered but she didn't mention where it is. She mentioned it's from professor's words, but didn't mention the professor's name. So I think it isn't clearly.

Hello, I'm… U'm outgoing boy, I like to play sports outdoors. It's my honor to have this interview. I hope that I can make good performance today. I'm confident that I'll succeed. Now I'll introduce myself briefly. I'm 20 years young boy. I graduated from… junior high school…

样本 3：31 个话步

1. S:　I think the speech can be useful as a reference. You know at the beginning, she used the western point side, then she makes some examples about Olympic. She also tells the purpose of her speech, and what's her main purpose of her making the speech.

2. S:　At beginning, she said "you'll have a great time in…," She showed the nation's great confidence, then she said something about Chinese ancient history. She links the Olympic spirit with our history. Then she said something specific, such as cultural treasure, modern facilities, our friendly people, cultural programs and cultural events. During the whole process, she also mentioned our cultural heritage. She invited the people from all over the world to join us. At the end, she shared the story of Marco Polo. She said "What we can show you today are just a fraction of Beijing." I think it attracts audience's interest.

3. S:　The beginning of the context is too long, when he started to ask questions, he used, he said "Here comes my question," later he said "I'd like to ask you questions now." I think he can state concise and clear.

4. S:　I think the student 3's question is effective, well-structured. First, student 3 introduced that he's from… University. He also quoted Confusian saying— It's always good to have a friend afar. Maybe he just use the saying to welcome President Obama. He also mentioned that China advocate harmonious world that makes his meaning deeper.

5. S:　I think 2nd student's question is very clear. She first expressed "thank you", then she introduced herself from…University. Then she expressed her topic

sentence. It's about Nobel Prize for Peace. Then divide her questions in two sections: one is from past, another is from future. In the past, she asked Obama why he can win Noble Prize for Peace. In future, she asks the influence of the Prize on Obama. I think it's very logical.

6. S: Mine is about Obama's speech. He is good at using parallel words when he's speaking. He is very energetic, expressed some religious idea in his speech, so it's easy to get the interest of people. So I think Obama's speech is very useful in many cases.

样本 4：61 个话步

1. S：就是启发大家这个 process... 去寻找这个过程。我对大家说的这几块我也不是很了解，要大家自己去想一下，我们都要看一下，然后，我们再讨论自己的想法。主要是把那几个单元的 main points 看一下，不是说 4，10，13，7，8，9，我们讨论都是一起的嘛，所以，都可以给些建议。这样我们主要看一下 main point，不需要太具体的，太多细节放进去，主要陈述最重要的 points，我们大家一起想一下如何把它展现出来，给他们一个过程，让他们自己能探索出来。

2. S：那你看 ×× 的跨文化了，你感觉有什么差异？

3. S：我觉得跨文化真的不好讲。就说中国的 speech 方式，一般按中国的讲中国的 speech 方式，比如我负责的这个 beginning 和 ending，一般中国人会怎么讲？

4. S：就会比较客套！就像上次课上看到的，那个提问的就……

5. S：有些确实有文化差异，提问之前还会说一些客套话，那个体会太深了……大学生说了半天，就是……

6. S：就是很官方。

7. S：他又在提高自己，又在提高 Obama，所以，搞的莫名其妙。我的意思是有些地方其实是一样的，一些 tips。就是讲个故事吧，或假设一个情景，或已处的情景，或者用个谚语吧。这都没有差距呀！这些都是一些很好的 tips。无论中国还是外国都一样，只是英语的是欧美国家所熟知的，对中国的是我们熟知的，其实跨文化的点并不多。还有一些是所有国家共通的，差别不太多，技巧许多是共通的。我觉得要找一些特别的，比如刚才……所说的，如何赞美别人，我的意思，大家都别太刻意去找这个，没有也别无中生，有点感觉你就是强制的一样。大家想一下中文做演讲有什么真的不一样的吗？你看到的中文演讲？

8. S：如果给我的话，我会讲：我今天很高兴。

9. S：这就是 speech 吗？只是个招呼语，并不算开头，beginning 是你如何引入这个话题，而不是打个招呼怎么样的。引入到话题怎么去引入？名言，讲故事，大家都是一样的吗？有什么区别？他们方法是一样的，只是文化不同，事例不同而已。

10. S：我看到那个 Yoga，我们那个单元有讲解 Yoga 的，开头结尾都是讲名言，就是书里面的名言。

11. S：这个中文也是有的，中文其实是更好地与观众建立那种联系，并不是说跨文化有多么大的差距。如果有，大家尽量加，没有，没必要一定得不同。但我知道……负责的那块，做的那个确实有差距，就是 design，他们 speech 设计与中文有差距。可以上网搜一下。

12. S：就是大体按 main points 那样吗？

13. S：是要有方式引入到这个 main points，即使这个 main point 在中间或后部，并不是一开始给这个 main point，然后解释这个 main point，她的意思是让我们自己探索／或其他人探索出这个 main point，并不只是告诉他们 main point，这个 point 有多么好，你前面要有一个引入的过程，也可以引入这个 point 就可以了。point 就是这个 conclusion，它就是最后的结论。这个方式就是这样的，这个 main point 可以在中间或后部，并不是一开始给这个 main point，然后解释这个 main point，所以，这个就是比精读强呐！就是知道怎么引入 point，我们也可以让他看一段视频，肯定会什么都不说，会问这个视频成功在哪里，你觉得好不好？好在哪里？还有其他的方式，比如我会去调查全班，如果你去做个 speech，你如何开头，回收上来一些数据，我可以给他们一些资料，可以统计一下，发表一些，再对这些做些统计，再用视频，再引入这个话题，而不是给出这个东西，再解释它。

14. S：我也觉得就像你说的，放个视频然后再让他们……

15. S：这是个很普遍的方法。我可以放一个 ×× 的视频，这个视频开始都引起人的注意了吗？但是，×× 建立的联系了吗？他连名字都搞错了，连自己是在印度还是孟买都搞错了，所以说这就是不同的地方。我就会说，为什么这个视频当成一个段子被人说，而另一个视频当成一个很成功的发布会。关键的问题在称呼，你连称呼都不对，怎么能建立联系呐！他当时也可能就是为了开个玩笑，但是我就会说你连名字称呼都搞错了，就很难与 audience 建立起那个 connection，让大家分析这个称呼错了会有什么后果，就建立不起与观众的联系，所以说 beginning 上一个 one point

需要建立联系，我再把建立起与观众的联系有什么好处放进去。这课就说完了，需要有一个探索的过程，你再给他说，也可以给他再放一段很优秀的视频，问大家觉得这个优秀视频优秀在哪里，关键是每个地方，每个人。哎，4 和 13 分别讲的是什么？

16. S：4 我觉得它就是比较概括，也不太好说它是什么，一开始它就讲怎样选一个题材，一个是你知道特别多的，还有一个就是你想了解的，两种方法，然后就是"头脑风暴"。

17. S："头脑风暴"是什么意思？

18. S：它说有三种方法，一个是从你个人经验群中找，还有第二种，胡乱写一些东西，不停地写，说不定从中会有启发。说不定会能找到你想要的。

19. S：第二点可能不太适用，不是所有的点都适合，这也可能是一个差异，你可以想一下。书上给出的欧美适用的不一定我们会适用。既然他给出了，一定有人适用，可能存在文化差异。如果不适用，可以做为文化差距的可能性。我觉得大家应当从 4，7，9，10，13 这样排一下，我们每一个人想一个点子，我发觉让一个人想确实有点困难。

20. S：对。

21. S：一个去想怎么开头，我们想到了方法再去找那个视频，不是先找视频，现在怎么找视频？好乱呀，你不觉得吗？如果不像……那样，有充分的一样引入，我们先去想我要用什么引入这个主题，视频怎样体现，是要朝好的方向还是朝坏的方面体现。如果朝好的方向，找成功的案例。现在 4 个单元大家共同做。

Appendix 2: BaFáBaFá 跨文化模拟游戏

I. 介绍 BaFáBaFá game 具体操作流程、要求

1. BaFáBaFá designed by R. Garry Shirts of Simulation Training Systems, Del Mar, California.

BaFáBaFá—a simulation game

Students—two fundamentally differing cultures: Alpha and Beta.

Members of each culture—exchanged on a "tourist-like" basis for very brief periods of time.

Participants # (Not allowed to) explain the rules of their culture to members of the other culture and love to follow the rules of your own culture

Understanding ←observation and trial and error participation.

---

2. BaFáBaFá Game—

Round 1#

Each team member firmly believe in your culture/values/rules/behaviors…; behave/speak accordingly

No instruction/explanations to visitors on your rules

Alpha—perform; some visitors from Beta join in

Beta—perform; some visitors from Alpha join in

Other students of each team work as observers of the opposite team's performance+jot down something "Unfamiliar" you find out;

Round 2#

Visitors report to their own group about their "experiences"

Observers of each team help to share their observations of those "unfamiliar"

—form your own "conclusion" of the opposite team

Round 3#

Re-divide into 4- person a group (each with members from the opposite teams)

Argue over /challenge…

Round 4#

Teacher demo how to ask some probing questions on 1-2 issues appropriately (i.e. neutrally)

—to lead students →better ways to solve the problems of misunderstanding and stereotypes

Round 5#

Students learn to ask good probing questions to eliminate the misunderstandings instead of causing further trouble+comment/feedback from the opposite team members on how well you do your job

Round 6#

Re-divide into 4-6 person a group (each with members from the opposite teams)

Discuss when, how and why the misconception started and what harm it will do to an individual and the culture...

II. Informative speech

Discovery—informative speech+the opposite team jots down the key points

1. Comments from other group members on

   — audience analysis, choice of topic, specific purpose, main ideas, and sway model

2. 4-person a group, each team (Chinese or other cutlure)—figure out the similarities and differences between the traditional Chinese culture and other culture, based on the notes. You can also relate them to your own understanding/observation.

   Your discussion/understanding is based on reflection, such as by asking probing questions to de-center backward and forward from your own angle of looking at one phenomenon/problem.

3. Discuss with your team how well your communication goes on by changing your ways of thinking/attitudes.

   Recommendation: field trip—learning by DOing